1 MONTH OF
FREE
READING

at

www.ForgottenBooks.com

By purchasing this book you are eligible for one month membership to ForgottenBooks.com, giving you unlimited access to our entire collection of over 1,000,000 titles via our web site and mobile apps.

To claim your free month visit:

www.forgottenbooks.com/free548781

ISBN 978-0-666-02774-0
PIBN 10548781

Chronique

DE

GRÉGOIRE DE TOURS

Traduction nouvelle

PAR

J. J. E. Roy

Childebert II proclamé roi à Metz de Sens

Tours

Alfred Mame & Cie

ÉDITEURS

NOTICE

SUR

GRÉGOIRE DE TOURS.

━━◦━━

Saint Grégoire, évêque de Tours, naquit en
Auvergne, en l'an 539. Sa famille était illustre
et puissante; ses aïeux, depuis plusieurs généra-
rations, figuraient parmi ces sénateurs qui, sous
la domination romaine, exerçaient dans les
Gaules l'autorité de gouverneurs de provinces,
de juges, de magistrats suprêmes. A cette illus-
tration était venu se joindre un autre genre de
gloire. Cette famille était une des premières qui
eût embrassé la foi chrétienne; et elle comptait
des martyrs et des évêques. Grégoire était le dernier fils du sénateur Florentius; il avait reçu en
naissant le nom de Florentius, son père, et de
Georges son grand-père; ce fut depuis, lorsqu'il
fut sacré évêque, qu'il choisit le nom de Grégoire, en mémoire de saint Grégoire, évêque de
Langres, qui était son bisaïeul du côté paternel
et du côté maternel à la fois. Au moment de la
naissance de Grégoire, l'Auvergne, qui, depuis
trente ans avait été enlevée aux Visigoths par

Clovis, faisait partie du royaume de Metz, où régnait Théodebert, petit-fils de Clovis. Grégoire perdit son père, étant fort jeune encore, et fut élevé auprès de saint Gal, évêque de Clermont. Son éducation fut plus soignée qu'elle ne l'était communément dans ces temps de barbarie, où l'on ne trouvait quelques vestiges des lettres qu'auprès des évêques, et parmi les ecclésiastiques encore bien peu nombreux à cette époque.

A trente-quatre ans, Grégoire, qui était déjà devenu célèbre dans les Gaules par sa piété et sa sagesse, fut élu évêque de Tours, sous l'autorité de Sigebert, roi d'Austrasie.

Sa vie offre le plus bel et le plus grand exemple de cette influence sainte et salutaire, exercée par les évêques au milieu d'un temps de barbarie, où il n'y aurait pas eu un seul élément d'ordre, de police et d'administration sans l'épiscopat, temps qu'il faut soigneusement distinguer du régime féodal, non encore établi, et dont on entrevoyait à peine les premiers rudiments.

Grégoire mourut en 593, le 17 novembre, à l'âge de cinquante quatre ans. L'Église révère l'évêque de Tours parmi les saints ; les lettres le comptent parmi nos historiens les plus capitaux. Sans Grégoire de Tours nous n'aurions aucune connaissance des premiers siècles de notre histoire. Grâce à ses écrits, il n'est point de peuple qui ait des notions plus détaillées et plus certaines de son origine. Son Histoire des Francs (Historia

Francorum), divisée en dix livres, comprend un
intervalle de cent soixante-quatorze ans, depuis
l'époque de l'établissement des Francs dans les
Gaules. C'est un vrai phénomène que de trouver, à la naissance d'une nation, un historien vé-
ridique, impartial, beaucoup plus éclairé qu'on ne
l'est communément à de telles époques. Grégoire
de Tours est un guide sûr dans la connaissance
de l'état des peuples et de l'Église de France,
jusqu'au temps où il vivait.

Si l'on veut ensuite le considérer comme écrivain, on trouvera dans son langage un triste témoignage du point où peuvent décheoir les lettres et l'esprit humain. Non-seulement le latin
qu'il emploie est grammaticalement barbare ;
mais il est sans force, sans expression, sans couleur. Cette langue si éloquente autrefois, s'était
usée et flétrie comme la civilisation elle-même.
Il y avait plutôt dégradation que barbarie. Les
nations gothiques n'avaient point encore, par un
mélange intime, renouvelé les nations abâtar-
dies sous le joug brisé de l'empire romain. Les
vainqueurs opprimaient les vaincus, sans être
confondus avec eux.

Un homme, quelque distingué qu'il soit, ne peut
triompher de son siècle. L'outil manque à l'ouvrier. Cependant Grégoire de Tours s'anime quelquefois par les effroyables calamités dont il était
témoin ; et son style prend alors de la force. Mais
ce qu'on y remarque toujours, c'est un caractère

de bonne foi, et un jugement libre et courageux
des princes faibles ou féroces qui mêlaient leurs
noms aux malheurs de la France.

« Grégoire de Tours est, sans contredit, le plus
célèbre écrivain du sixième siècle. En blâmant les
défauts de son style, toujours rampant et toujours barbare, la puérilité de ses observations,
l'irrégularité de sa méthode etc., on doit avouer
que son histoire est presque l'unique source des
lumières qui nous restent sur l'origine et les progrès de la monarchie française.

» A la tête de son ouvrage, l'auteur fait l'ex-
position des motifs qui l'engagèrent dans cette
entreprise. Il promet une histoire ecclésiastique,
militaire et civile, telle qu'elle est effectivement.
Avant que d'entrer en matière, il donne sa profession de foi, qui est orthodoxe dans tous ses
points. Son premier livre comprend l'histoire de
5546 ans, depuis Adam jusqu'à saint Martin.
On y voit quelle fut l'origine du christianisme
dans les Gaules, dont il fait honneur à saint Po-
thin, évêque de Lyon. (*Biographie des hommes
de lettres, par les Bénédictins.*)

L'auteur a écrit, ainsi qu'il l'annonce en com-
mençant, sans suivre aucun ordre ; les événement s'y entassent pêle-mêle, *mixtè confusèque*,
selon ses expressions ; le plus souvent un chapitre n'a aucun rapport avec celui qui précède ;
l'histoire de quelques diocèses des Gaules, et la
succession de leurs évêques, est mêlée à l'his-

toire, de la, conquête et, de l'établissement, des Francs.. Quelquefois, des événements, d'une importance très-secondaire,, et, dénués de tout intérêt,, viennent interrompre le récit des événements importants et graves qui caractérisent cette époque.

Nous avons pensé qu'en faisant un choix au milieu, de cette vaste collection., nous pourrions. former une espèce de Selectæ, è Gregorio Historiæ, qui offrirait à la jeunesse un attrait d'autant plus vif,, que les faits qui y sont racontés, intéressants déjà par eux-mêmes, le deviennent encore davantage par, la. manière simple et, naïve du narrateur. Son récit a souvent, le piquant de l'anecdote ;, et toujours cette couleur locale, qui n'appartient qu'à l'écrivain contemporain des événements qu'il, raconte.

Les manuscrits de cot ouvrage de Grégoire de Tours portent différents titres. Les plus anciens sont intitulés : Historia ecclesiastica Francorum; d'autres historia ou gesta Francorum; quelques-uns simplement chronicæ. Nous avons, choisi ce dernier, titre, parce qu'ayant retranché presque, tout, ce qui concerne l'histoire ecclésiastique, proprement dite,, nous n'avons conservé que ce qui a rapport à l'Histoire des rois Francs.

Grégoire de Tours a composé un, grand nombre d'autres ouvrages,, dont la plupart sont parvenus jusqu'à nous, mais, malgré quelques faits ou quelques détails sur l'esprit et les mœurs du

temps qu'on y trouve épars, l'*Histoire*, ou la *Chro-
nique des rois francs*, dont nous avons extrait ce
qu'elle offre de plus intéressant, est le seul de
ces ouvrages qui soit demeuré pour nous important et curieux.

L'*Histoire des Francs* est divisée en dix livres.
Le premier est un résumé confus de l'histoire
ancienne et universelle du monde, dépourvu
d'intérêt et de vérité chronologique. On y trouve
seulement quelques détails de peu de valeur, il
est vrai, quant à l'histoire, sur l'établissement
du christianisme dans les Gaules, mais qui pei-
gnent naïvement l'état des esprits et des mœurs.
La rareté de ces traits nous a fait penser que
nous pouvions entièrement supprimer ce livre,
qui finit à la mort de saint Martin de Tours,
en 397; le second livre, qui forme notre chapitre premier, s'étend de la mort de saint Martin
à celle de Clovis Ier, c'est-à-dire de l'an 397 à
l'an 511; le troisième, (Chap. II.) de la mort de
Clovis, à celle de Théodebert Ier, roi d'Austrasie, de l'an 511 à l'an 547; le quatrième, (Chap.
III.) de la mort de Théodebert à celle de Sigebert Ier, roi d'Austrasie, de l'an 547 à l'an 575;
le cinquième, (Chap. IV.) comprend les cinq
premières années du règne de Childebert II, roi
d'Austrasie, de l'an 575 à l'an 580; le sixième,
(Chap. V.) finit à la mort de Chilpéric, en 584;
le septième, (Chap. VI.) est consacré à l'année
585; le huitième, (Chap VII.) commence au

voyage que fit le roi Gontran à Orléans, au mois de juillet 585, et finit à la mort de Leuvigild, roi d'Espagne, en 586; le neuvième, (Chap. VIII.) s'étend de l'an 587 à l'an 589; le dixième, enfin, s'arrête à la mort de saint Irieix, abbé en Limousin, c'est-à-dire au mois d'août 591. Notre Chapitre IX s'arrête au baptême de Clotaire II.

Pour jeter plus de lumière dans l'histoire confuse de la succession de Clovis, divisée par ses enfants, nous allons placer ci-après le tableau de leur généalogie :

CLOVIS MEURT EN 511, ET LAISSE QUATRE FILS.

THÉODORIC, ou THIERRY, roi de Metz, meurt en 534.

THÉODEBERT, son fils, meurt en 548.

THÉODEBALD, son fils, meurt sans enfants, en 555.

CLODOMER, roi d'Orléans, meurt en 524. Ses enfants sont massacrés par leurs oncles qui se partagent son royaume.

GONTRAN, à Orléans. Il perd tous ses enfants, et adopte pour héritier, son neveu Childebert II. Il tient sur les fonts de baptême Clotaire II.

CHILDEBERT Ier, roi de Paris, meurt en 558. Ne laisse que des filles qui ne succèdent pas. Premier exemple de la loi salique.

CHARIBERT, roi de Paris, meurt en 566. Ses frères partagent son héritage. La ville de Paris reste indivise entre eux. La ville de Marseille reste indivise entre Gontran et Sigebert.

CLOTAIRE Ier, roi de Soissons, réunit tout l'empire français, meurt en 562. Nouveau partage entre ses quatre fils.

CHILPÉRIC, roi de Neustrie ou de Soissons, après avoir perdu cinq de ses fils, meurt en 584, laissant pour héritier CLOTAIRE II, âgé de 4 mois, le dernier des enfants qu'il ait eu de Frédégonde.

SIGEBERT, roi d'Austrasie ou de Metz, a pour femme Brunehault. Il est assassiné en 575. CHILDEBERT II lui succède à l'âge de cinq ans.

CHRONIQUE

DE

GRÉGOIRE DE TOURS.

CHAPITRE PREMIER.

SOMMAIRE.

On ignore généralement quel fut le premier
roi des Francs, car Sulpice Alexandre[*], en par-

---

[*] Cet historien n'est connu que par ce passage de Grégoire
de Tours.

lant souvent de ce peuple dans son histoire, .ne nomme nulle part son premier roi. Il se contente de dire que les Francs avaient des chefs ou ducs, et voici ce qu'il en rapporte :

« A l'époque où Maxime se trouvait à Aquilée, et où le désespoir d'avoir perdu l'empire lui avait en quelque sorte ôté la raison, les Francs, sous la conduite de Genobald, Marcomer et Sunnon, firent une irruption dans la Germanie *, et passant la frontière, ils massacrèrent un grand nombre d'habitants, ravagèrent la contrée qui est très-fertile, et firent trembler la ville même de Cologne. Dès qu'on eut appris cette nouvelle à Trèves, Nanninus et Quintinus, généraux romains, à qui Maxime avait confié l'enfance de son fils et la défense des Gaules, rassemblèrent une armée, et se rendirent à Cologne. Mais les ennemis, chargés de butin, s'étaient retirés au-delà du Rhin, en laissant, toutefois, sur le territoire romain un assez grand nombre des leurs prêts à renouveler le pillage. L'armée romaine les défit sans peine et en fit un grand carnage, dans un combat qu'elle leur livra auprès de Carbonaria (dans la forêt des Ardennes).

» Après cette victoire, les généraux délibérèrent entre eux pour savoir s'il fallait entrer dans le pays des Francs. Nanninus, persuadé que les

---

* Par Germanie, on entend ici la province romaine de ce nom, située sur la rive gauche du Rhin.

Francs ne seraient pas pris au dépourvu, et qu'ils auraient l'avantage dans leur propre pays, refusa de prendre part à cette expédition. Cet avis déplut à Quintinus et aux autres chefs. Nanninus se retira à Mayence, et après son départ, Quintinus passa le Rhin avec son armée, dans le voisinage de Nuitz; il campa, non loin du fleuve, et ne trouva que des habitations vides et de grands bourgs abandonnés. Les Francs, feignant d'être frappés de crainte, s'étaient retirés dans des forêts plus éloignées, après avoir eu la précaution de fermer par des abattis d'arbres l'entrée de ces forêts. Toutes les maisons furent brûlées, et les soldats, qui regardaient cet acte d'une lâche sottise, comme la consommation de leur victoire, passèrent sous les armes une nuit qui n'était pas exempte d'inquiétude.

» Dès le point du jour, Quintinus voulut pénétrer dans la forêt. Les Romains, pendant une partie de la journée, errèrent au hasard au milieu de détours inextricables. Enfin, ne trouvant partout qu'une enceinte fermée par cette espèce d'énormes palissades, ils arrivèrent dans un terrain marécageux contigu à la forêt. Pendant cette marche pénible, ils ne rencontrèrent qu'un petit nombre d'ennemis qui, placés sur des amas de troncs d'arbres ou de branchages coupés, lançaient des flèches comme on le fait du haut d'une tour avec des machines de guerre. Ces flèches étaient trempées dans des herbes vénéneuses, et ce poison était si violent, qu'une blessure qui n'aurait fait qu'effleurer la peau, même dans des parties du corps où les coups ne sont pas mortels, était toujours suivie de la mort.

» L'armée, se trouvant alors entourée d'un bien plus grand nombre d'ennemis, se répandit avec empressement dans les plaines que les Francs avaient laissées libres. Les cavaliers arrivés les premiers furent engloutis dans les fondrières, et écrasés par les hommes et les chevaux qui tombaient pêle-mêle dans ces gouffres. Les fantassins, eux-mêmes, que les chevaux n'avaient pas foulés aux pieds, ou écrasés de leurs poids, s'enfonçant dans la vase, avaient bien de la peine à se dégager, et le petit nombre qui y parvenait, s'empressait en tremblant de regagner la forêt pour s'y cacher.

» Le désordre devint général ; la légion fut taillée en pièces; Héraclius, tribun des Joviniens, et presque tous les officiers périrent; quelques-uns seulement parvinrent à s'échapper à la faveur de la nuit et de l'épaisseur des forêts. » Voilà ce que raconte Sulpice Alexandre au troisième livre de son histoire.

Dans le quatrième, après avoir parlé du meurtre de Victor, fils du tyran Maxime, il dit: « A cette époque, Carietton et Syrus, qui avaient remplacé Nanninus, étaient campés en Germanie avec une armée destinée à combattre les Francs. » Un peu plus loin il ajoute que, les Francs ayant

commis des déprédations en Germanie, Arbogaste, sans vouloir attendre plus longtemps, engagea l'empereur à punir sur-le-champ les Francs
comme ils le méritaient, s'ils ne s'empressaient
de rendre tout ce qu'ils avaient enlevé l'année
précédente, après le massacre des légions, et
s'ils ne livraient les auteurs de cette guerre pour
recevoir le châtiment dû à la perfidie avec laquelle ils avaient violé la paix. Cela se passait,
à ce qu'il rapporte, quand les Francs avaient des
chefs. Il dit ensuite, que peu de jours après,
Arbogaste eut une courte entrevue avec Marcomer et Sunnon, princes * des Francs, qu'il en
obtint des otages, selon la coutume, et qu'il se
retira à Trèves pour passer l'hiver. Mais en leur
donnant ce nom de *princes*, on ne sait s'ils étaient
rois, ou s'ils en tenaient la place.

Le même écrivain, après avoir parlé de la situation critique où se trouvait l'empereur Valentinien, ajoute : « Tandis que ces divers événements se passent en Orient dans la Thrace, le
repos public est troublé dans la Gaule. Le prince
Valentinien était enfermé dans son palais auprès
de Vienne, et réduit à une condition inférieure
à celle d'un simple particulier. Le pouvoir militaire était livré aux soldats francs, et les magistrats civils avaient aussi pris parti pour Arbogaste; et de tous ceux qui lui étaient attachés

---

* *Regales.* M. Guisot traduit ce mot par *officiers royaux.*

par le serment militaire, le prince n'en pouvait
trouver aucun qui osât obéir à ses ordres, ou
même à une simple demande de sa part.

Il rapporte ensuite que la même année, Arbogaste, qui était animé contre Marcomer et
Sunnon, petits rois des Francs, d'une haine na-
tionale, se rendit à Trèves au plus fort de l'hiver.
Il était persuadé qu'on pouvait, sans danger, pénétrer dans le pays des Francs et brûler leurs
retraites, parce que, dans cette saison, les forêts
dépouillées de leurs feuilles, ne pouvaient plus
cacher les embuscades des ennemis. Ayant donc
réuni son armée, il passa le Rhin, et ravagea le
pays des Bructères, voisins du fleuve, et le bourg
d'Aëtia, habité par les Chamaves. Il ne rencontra personne; seulement un petit nombre d'Amp-
suares et de Cattes, conduits par Marcomer, se
montrèrent sur le haut des collines. Notre auteur, abandonnant encore ces noms de chefs et
de princes, donne à entendre clairement que les
Francs avaient un roi, mais il ne le nomme pas.
« Ensuite le tyran Eugène, dit-il, après avoir
tout préparé pour une expédition, gagne les bords
du Rhin, pour renouveler, selon l'usage, les
anciens traités avec les rois des Allemands et des
Francs, et étaler aux yeux des barbares une
nombreuse armée. »

Quelques autres écrivains parlent encore des
Francs, mais sans nommer leurs rois. Beaucoup
d'historiens croient ces peuples originaires de la

Pannonie; d'abord ils habitèrent les bords du
Rhin, ensuite ils passèrent ce fleuve, et s'établirent en Thuringe. Là, chaque bourg ou ville
se choisissait un roi à longue chevelure, pris
dans la première, ou si je puis m'exprimer ainsi,
dans la plus noble de leurs familles. Nous mon-
trerons plus tard comment les victoires de Clovis
assurèrent ce titre à sa famille.

On lit dans les *Fastes consulaires*, que Theo-
demer, roi des Francs, fils de Richimer, autrefois roi, et Ascille sa mère, périrent par le
glaive. On y voit encore qu'il y avait alors auprès
de Dispargum, à l'extrémité de la Thuringe, un
roi des Francs, nommé Chlogion ou Clodion,
remarquable par sa bonté et sa noblesse dans sa
nation.

Les Romains occupaient le pays situé au midi
de la Thuringe jusqu'à la Loire. La contrée au-
delà de la Loire était sous la domination des
Goths, et les Bourguignons, qui étaient ariens,
étaient fixés au-delà du Rhône, fleuve qui passe
à Lyon.

Clodion, précédé d'un certain nombre d'é-
claireurs dont il suivait la marche, s'avança sur
Camaracum (Cambrai), écrasa les Romains et
s'empara de la ville *. Après s'y être arrêté quelques jours, il se rendit maître du pays jusqu'à
la Somme. Quelques personnes prétendent que

---

* Vers l'an 445.

c'est de Clodion que descend Mérovée, qui fút
père de Childéric. Tous ces rois francs et leurs
peuples étaient alors ensevelis dans les ténèbres
de l'idolâtrie.

Childéric, en l'an 456, était roi des Francs. Sa
conduite et ses mœurs dissolues soulevèrent
contre lui la nation qui le chassa du trône. Craignant même pour sa vie, il se retira en Thuringe, après avoir laissé dans son royaume un
ami dévoué qui devait tâcher par ses discours de
calmer l'irritation des esprits. Ils convinrent ensemble d'un signe au moyen duquel Childéric
apprendrait quand il pourrait revenir dans sa patrie. Ils partagèrent une pièce d'or en deux. Le
roi en emporta avec lui une moitié, et laissa
l'autre à cet ami fidèle, qui promit de la lui
envoyer aussitôt que son retour n'offrirait plus de
danger.

Childéric se retira en Thuringe, auprès du roi
Basinus et de sa femme Basine. Après son départ, les Francs élurent unanimement pour leur
roi Égidius, chef de la milice romaine dans les
Gaules.

Depuis huit ans Égidius régnait sur les Francs;
mais enfin apaisés par l'éloquence persuasive
du confident de Childéric, ils désiraient et de-
mandaient même son retour. Ce serviteur fidèle
s'empressa alors de lui envoyer la moitié de la
pièce d'or restée entre ses mains. Childéric ins-

truit de cette manière des heureuses dispositions
des esprits à son égard, quitta la Thuringe, et
fut replacé aussitôt sur son trône.

Sur ces entrefaites, la reine Basine, dont nous
avons parlé, abandonna son mari, et se rendit
auprès de Childéric. Celui-ci lui demanda avec
empressement quel motif l'avait décidée à quitter
un royaume aussi important que le sien pour
venir le trouver : «Je suis venue, répondit-elle,
parce que je vous ai connu pour un homme rempli de qualités et d'une bravoure à toute épreuve. Sachez que si j'avais connu, même au-delà
des mers, un homme plus accompli et plus brave
que vous, je serais allée le trouver et lui offrir
ma main. » Le roi transporté de joie l'épousa,
et en eut un fils qu'il nomma Clovis, et qui fut
dans la suite un grand prince et un vaillant
guerrier.

Childéric fit la guerre aux Orléanais. En même
temps Odoacre vint dans l'Anjou avec une armée de Saxons. A cette époque une grande peste
exerça ses ravages sur le peuple. Egidius mourut, et laissa pour successeur son fils Syagrius.
Après la mort d'Égidius, Odoacre reçut des
otages de l'Anjou et d'autres pays. Les Bretons
furent chassés de Bourges par les Goths qui en
firent un grand carnage auprès du bourg de Dol.
Le comte Paul, à la tête des Romains et des
Francs, attaqua les Goths et leur enleva du
butin.

Ödoacre se rendit à Angers; mais le lendemain le roi Childéric arriva, et ayant tué le
comte Paul, il s'empara de la ville. Ce jour-là,
l'église fut consumée par un violent incendie.
Les Saxons prirent la fuite, et les Romains en
tuèrent un grand nombre en les poursuivant. Les
Francs s'emparèrent de leurs îles et les ravagèrent. Au mois de novembre de cette année-là, il
y eut un tremblement de terre. Enfin Odoacre
fit un traité avec Childéric, et réunissant leurs
forces, ils soumirent les Allemands qui avaient
envahi une partie de l'Italie.

Euric roi des Goths, avait confié le gouvernement des sept villes * à Victorius : arrivé à Clermont, il voulut augmenter et embellir cette
ville. C'est lui qui fit creuser l'église souterraine
qu'on voit encore au-dessous de la basilique de
saint Julien, et qui fit élever les colonnes qui
sont placées dans cet édifice. Il fit aussi construire l'église de saint Laurent et de saint Germain, dans le bourg de Saint-Germain-de-Lam-
bron. Il resta neuf ans dans son gouvernement;
mais sa conduite licencieuse lui attira la haine
des habitants de l'Auvergne; craignant alors
pour sa vie, il se retira à Rome; mais ayant
voulu s'y livrer aux mêmes désordres, il fut

* La première Narbonnaise, qui comprenait les villes de
Narbonne, Toulouse, Beziers, Agde, Nîmes, Maguelonne et
Lódève.

lapidé. Euric régna encore quatre ans après la mort de Victorius. Il mourut dans la vingt-septième année de son règne (485). Il y eut alors un grand tremblement de terre.

Vers ce temps, Evarix, roi des Goths, franchit les frontières de l'Espagne, et vint exercer une cruelle persécution sur les chrétiens des Gaules. Il faisait périr indistinctement ceux qui n'étaient pas partisans de ses erreurs ; il jetait les clercs dans les prisons, exilait ou égorgeait les prêtres. Il avait fait même fermer l'entrée des temples sacrés avec des épines, afin que la difficulté d'y pénétrer, fît tomber la foi en oubli. La Novem-populanie, et les deux Aquitaines furent surtout exposées à cette calamité. Mais bientôt ce per-sécuteur périt, frappé par la vengeance divine.

Peu de temps après cette persécution, saint Perpét, évêque de Tours, après trente ans d'é-piscopat, s'endormit dans le Seigneur. On choi-sit pour le remplacer un sénateur nommé Volu-sianus. Après sept ans d'épiscopat, il devint suspect aux Goths, qui l'emmenèrent captif en Espagne, où il mourut bientôt. Son successeur, nommé Virus, est le septième évêque de Tours depuis saint Martin.

Pendant les événements que nous venons de raconter, Childéric était mort (481) et son fils Clovis occupait le trône à sa place. La quin-zième année de son règne, Syagrius, fils d'Egi-

dius, roi (*ou gouverneur*) des Romains, résidait
à Soissons, dont son père Egidius s'était autrefois emparé. Clovis, accompagné de Regna-
chaire, * son parent, qui possédait aussi un
royaume, marcha contre Syagrius et lui présenta le combat. Celui-ci l'accepte à l'instant, et
ne craint pas de se mesurer avec lui. La bataille
s'engage (486), mais bientôt Syagrius voyant
son armée taillée en pièces, prend la fuite, et
se retire en toute hâte auprès du roi Alaric, à
Toulouse.

Clovis envoya aussitôt demander à Alaric qu'il
lui livrât le fugitif, sinon qu'il allait lui déclarer
la guerre. Alaric, effrayé de ces menaces, car les
Goths sont sujets à la crainte, remit Syagrius
enchaîné entre les mains des députés de Clovis.
Quand son prisonnier fut arrivé auprès de lui,
Clovis en confia la garde à un esclave, et après
s'être emparé de son royaume, il donna l'ordre
de le faire périr secrètement.

Pendant cette guerre, un grand nombre d'é-
glises furent pillées par l'armée de Clovis, parce
que ce prince était toujours plongé dans les ténèbres de l'erreur. Un jour, ses soldats enlevèrent d'une église, avec les autres ornements
servant au culte, une urne d'une grandeur et
d'une beauté magnifique. L'évêque envoya des
députés au roi pour lui demander au moins

---

* Roi des Francs de Cambrai.

cette urne, s'il ne voulait pas lui rendre les autres vases sacrés de son église. Le roi répondit
aux envoyés : « Suivez-moi jusqu'à Soissons,
parce que c'est là que doit se faire le partage de
tout le butin. Si le sort me donne ce vase, je
satisferai à la demande du Père. » *

Quand on fut arrivé à Soissons, et que tout le
butin eut été réuni sur la place, le roi prit la
parole : « Braves guerriers, je vous prie de vouloir bien m'accorder ce vase, dit-il en montrant
l'urne, outre la part qui me revient dans le
butin. » Chacun s'empressa de lui répondre qu'il
était maître de tout ; qu'eux-mêmes lui appartenaient, et qu'il pouvait bien faire tout ce qui lui
plairait, sans craindre l'opposition de personne.
Mais un guerrier, à la tête légère, moins calme,
ou moins courtisan que les autres, lève sa francisque, en frappe l'urne, en disant d'une voix
forte et retentissante : « Tu n'auras rien ici que
ce que le sort t'aura légitimement donné. »
Tout le monde fut saisi d'étonnement d'une telle
audace. Le roi se contint, et ne parut point
ému de cette insulte ; mais il en garda le ressentiment au fond de son cœur. Il prit l'urne et la
rendit à l'envoyé de l'évêque.

Un an après, il ordonna à toute son armée de
se réunir au Champ-de-Mars, pour examiner si
les armes étaient propres et en bon état. Quand

---

* Grégoire de Tours fait employer à Clovis le mot de *papa*.

il fut environné de toute la troupe, il s'approcha du soldat qui avait frappé l'urne, et lui dit. « Pas un guerrier n'a apporté ici des armes aussi mal propres que les tiennes. Ni ta lance, ni ton épée, ni ta hache ne sont en bon état. » A ces mots il prit la hache du soldat et la jeta à terre. Au moment où celui-ci se baissait un peu pour la ramasser, le roi, levant sa francisque, la lui abattit sur la tête, en disant : « c'est ainsi que tu as frappé l'urne à Soissons. » Le soldat tomba sans vie, et l'armée, sur l'ordre du roi, se retira en silence. Cet exemple remplit de crainte ces guerriers indisciplinés, et il sut en profiter dans la suite pour les conduire à de nombreux combats et à de grandes victoires.

La dixième année de son règne, il attaqua et soumit la Thuringe.

Gondeuch, roi des Bourguignons, avait eu quatre fils : Gondebaud, Godégisile, Chilpéric et Godomar. Gondebaud fit périr son frère Chilpéric par le glaive, et fit jeter dans l'eau sa femme avec une pierre attachée au cou. Il condamna ses deux filles à l'exil ; l'aînée se nommait Mucuruna et la plus jeune Clotilde. Elles vivaient toutes deux dans la retraite, et avaient changé les vêtements de la cour pour des habits de deuil.

Des ambassadeurs que Clovis avait envoyés en Bourgogne eurent occasion de voir la jeune

Clotilde; ils admirèrent sa grâce et sa sagesse; et apprenant qu'elle était de race royale, ils firent part de leur découverte à Clovis. Aussitôt celui-ci envoya demander à Gondebaud sa nièce en mariage. Le roi des Bourguignons n'osa refuser; il remit la jeune fille aux envoyés de Clovis, qui s'empressèrent de la conduire à leur maître. À la vue de Clotilde, Clovis fut ravi de joie, et bientôt il la prit pour épouse. Il avait déjà, d'une concubine, un fils nommé Théodoric (plus connu sous le nom de Thierry).

La reine Clotilde eut pour premier-né un fils qu'elle désirait faire baptiser. A cette occasion, elle ne cessait de faire à son mari les plus vives instances pour l'engager à renoncer au culte des idoles, et à embrasser celui du vrai Dieu; mais Clovis n'était point touché des discours de sa femme, et il se contentait de lui répondre que ses dieux étaient plus puissants et plus nobles que celui des chrétiens.

Cependant la reine disposa tout pour le baptême de son fils; elle fit orner l'église de tentures et de guirlandes, espérant que l'éclat de cette fête religieuse toucherait plus facilement le cœur de son mari que n'avaient pu le faire tous ses discours.

L'enfant fut baptisé et nommé Ingomer; mais il mourut tandis qu'il portait encore les vêtements blancs qu'il avait reçus pour cette cérémonie. Le roi, vivement ému de cet événement, adressait d'amers reproches à la reine. « Si notre enfant, disait-il, eût été consacré à mes dieux, il aurait certainement vécu; mais c'est parce que vous l'avez baptisé au nom de votre Dieu que nous l'avons perdu. « Pour moi, répondit la reine, je rends grâce à mon Dieu, le souverain créateur de toutes choses, qui ne m'a pas jugée indigne de compter parmi ses élus, appelés à partager son royaume, un enfant à qui j'ai donné le jour. Aussi la douleur que me cause sa perte est bien adoucie et bien effacée, par cette pensée consolante que tous ceux qui meurent dans la grâce du baptême, et encore revêtus de la robe d'innocence, jouissent de la vue de Dieu, et de la vie éternelle. »

Elle mit au monde un second fils qui fut également baptisé, et reçut le nom de Clodomer. Quelque temps après il tomba malade, et Clovis dit à la reine : « Il est impossible qu'il n'en arrive pas autant à celui-ci qu'à son frère, et qu'il ne meure bientôt, puisqu'il a été baptisé au nom de votre Christ. » La reine ne répondit rien; elle adressa de ferventes prières à Dieu qui lui accorda la guérison de son fils.

Cependant la reine redoublait ses instances auprès de son mari pour le déterminer à reconnaître le vrai Dieu et à abandonner les idoles. Tous ses efforts furent inutiles, et ne purent l'ébranler; mais l'événement dont nous allons par-

ler, le força enfin de reconnaître la puissance
suprême qu'il avait niée jusqu'alors.

Dans une guerre où il était engagé contre les
Allemands, il leur livra une grande bataille. *Les
deux armées combattaient avec le plus grand
acharnement; le carnage était affreux; les
Francs ne reculaient pas, mais ils étaient taillés
en pièces, et ils étaient sur le point de succomber. Clovis à cette vue lève les yeux au ciel, et,
le cœur déchiré de douleur, les yeux pleins de
larmes, il s'écrie : « O Jésus-Christ, toi que
Clotilde appelle le fils du Dieu vivant, toi qui,
dit-on, portes secours aux affligés, toi qui ac-
cordes la victoire à ceux qui espèrent en toi,
j'implore avec ferveur ton appui glorieux. Si tu
daignes m'accorder la victoire sur ces ennemis,
et si j'éprouve les bienfaits de cette puissance
que ton peuple t'attribue, je croirai en toi, et je
me ferai baptiser, en ton nom. J'ai invoqué mes
dieux, mais je vois bien que je n'ai point de secours à attendre d'eux. Je les crois donc impuissants puisqu'ils ne viennent point en aide à ceux
qui les invoquent. C'est toi maintenant que j'implore, c'est en toi que je veux croire, pourvu
seulement que tu m'arraches du danger où je
me trouve. »

Pendant qu'il fait cette prière, les Allemands
commencent à tourner le dos et à prendre la

* En 496, à Tolbiac, aujourd'hui Zülpich, près de Cologne.

fuite. Bientôt leur roi est tué; alors ils ne songent plus à résister, ils jettent leurs armes, se rendent à Clovis, et le conjurent de les épargner, comme étant désormais, non ses ennemis, mais ses sujets. Le roi fit aussitôt cesser le combat, et il revint triomphant à la tête de son armée raconter à Clotilde comment, pour avoir invoqué le Christ, il avait obtenu la victoire.

La reine transportée de joie fit venir secrètement saint Remi, évêque de Reims, pour le prier de parler au roi et de l'instruire. C'était un prélat rempli de science et d'éloquence, et orné de tant de vertus qu'il égalait saint Silvestre en sainteté. Il existe encore un livre de sa vie où l'on raconte qu'il a ressuscité un mort. Dès qu'il fut arrivé, il s'entretint en particulier avec le roi. Il lui parla du vrai Dieu et de sa puissance infinie, et l'engagea à croire en lui et à renoncer aux idoles qui ne peuvent rien ni pour elles-mêmes ni pour leurs adorateurs. Clovis répondit : « J'écoute avec plaisir vos paroles, ô mon père; mais une seule chose m'inquiète, je crains que mon peuple ne veuille pas abandonner ses dieux; mais je vais lui parler, et lui répéter ce que vous m'avez dit vous-même. »

Aussitôt il rassembla les Francs; mais au moment où il allait leur adresser la parole, par un effet de la puissance divine qui l'avait prévenu, tout le peuple s'écria d'une voix unanime : « Nous ne voulons plus de nos dieux mortels, et

Baptême de Clovis.

nous sommes prêts à écouter la voix du Dieu immortel qu'annonce Remi. »

A cette nouvelle, le saint prélat, rempli d'une vive allégresse, fit préparer les fonts baptismaux. L'intérieur de l'église est orné de tentures d'un travail admirable, et de voiles éclatants de blancheur. On répand dans l'eau des fonts l'huile sainte et le baume, et le temple, éclairé par la lumière des cierges odoriférants, est rempli du parfum céleste qui s'exhale du baptistère. Tous les assistants, pénétrés de la grâce de Dieu, étaient comme ravis au ciel, et croyaient respirer l'encens qui fume devant le trône de l'Éternel.

Le roi demanda le premier à recevoir le baptême de la main du Pontife. Il s'avance, nouveau Constantin, vers le bain sacré pour se laver de la lèpre ancienne qui le couvrait, et faire disparaître dans cette eau salutaire toutes les taches dont il était souillé. Au moment où il entra dans le baptistère, le saint lui adressa ces paroles d'une voix grave et solennelle : « Abaisse humblement la tête, fier Sicambre ; adore ce que tu as brûlé, brûle ce que tu as adoré. » Le roi ayant confessé qu'il reconnaissait un seul Dieu tout-puissant en trois personnes, fut baptisé au nom du Père et du Fils et du Saint-Esprit, et reçut l'onction du saint chrême avec le signe de la croix.

Après lui, plus de trois mille hommes de son armée reçurent aussi le baptême. Sa sœur Albo

flède, qui fut baptisée le même jour, mourut
peu de temps après. Cette perte causa au roi une
affliction profonde; saint Remi lui écrivit pour
le consoler une lettre qui commence par ces
mots : « Mon cœur est accablé de douleur, et
cette douleur a la même source que la vôtre, la
mort de votre bonne sœur Alboflède. Mais ce qui
doit être pour nous un grand motif de consolation, c'est qu'elle est sortie de ce monde de
manière à exciter plutôt notre admiration que
nos regrets, et que nous devons plutôt l'invoquer que la pleurer. »

Une autre sœur de Clovis, nommée Lantilde,
qui était tombée dans l'hérésie d'Arius, revint
à la foi catholique, et reçut l'onction sainte.

Gondebaud et Godégisile, fils du roi Gondeuch,
régnaient alors dans les contrées qu'arrosent le
Rhône et la Saône, (la Bourgogne, le Dauphiné)
et dans la province Marseillaise, (la Provence).
Ces rois ainsi que leurs peuples étaient Ariens.
Une guerre s'étant élevée entre les deux frères,
Godégisile qui connaissait la bravoure et les ex-
ploits de Clovis, lui envoya secrètement une députation pour lui demander du secours contre
son frère, lui promettant que s'il l'aidait à le
détrôner, il lui payerait chaque année le tribut
que Clovis fixerait lui-même. Le roi accepta cette
proposition, et promit de le secourir quand il
réclamerait son appui.

Au temps convenu, Clovis s'avança avec son armée contre Gondebaud. A cette nouvelle, celui-ci, qui ignorait la ruse de son frère, lui manda de venir à son secours, « car, disait-il dans son message, les Francs marchent contre nous, pour s'emparer de notre pays; cessons nos dissensions et unissons-nous pour repousser l'ennemi commun qui nous menace; autrement nous succomberons comme les autres nations que les Francs ont vaincues. » Godégisile répondit qu'il irait le secourir avec son armée.

Les trois armées de Clovis, de Gondebaud et de Godégisile se rencontrèrent auprès d'un château-fort nommé Dijon. La bataille s'engagea sur la rivière d'Ouche, et Godégisile ayant joint Clovis, les deux armées réunies écrasèrent sans peine celle de Gondebaud. Celui-ci voyant la trahison de son frère, qu'il n'avait pas soupçonnée, prit la fuite, gagna les bords du Rhône et parvint à Avignon.

Après cette victoire, Godégisile promit à Clovis une portion de son royaume; ils se séparèrent paisiblement, et Godégisile fit une entrée triomphante à Vienne, comme s'il eût déjà été maître de la totalité du royaume de Bourgogne.

Clovis, après avoir encore renforcé son armée, poursuivit Gondebaud, résolu de l'arracher de sa retraite et de le faire mourir. Gondebaud instruit de ces dispositions, tremblait pour sa vie. Il avait à sa cour un homme célèbre, remarquable

par son adresse et sa prudence. Son nom était
Arédius. Le roi le fit venir, et lui dit : « Je suis
entouré d'embûches, et je ne sais quel parti
prendre ; les barbares s'avancent sur nous à
grands pas pour me faire périr et ravager tout le
royaume. » Arédius répondit : « Il faut adoucir la
cruauté de cet homme, pour vous sauver la vie.
Si vous le permettez, je feindrai de vous abandonner, et j'irai le trouver comme transfuge.
Arrivé auprès de lui, j'agirai de manière à ce qu'il
ne fasse de mal ni à vous ni au pays. Ayez soin
seulement d'accorder tout ce qu'il vous deman-
dera d'après mes conseils, jusqu'à ce qu'il plaise
au Seigneur de rendre votre situation plus pros-
père. » Gondebaud promit de suivre son avis, et
lui souhaitant un heureux voyage, il le congédia.

Arrivé auprès de Clovis, Arédius lui dit : «Je
me prosterne à vos pieds, ô roi très-clément, et
je viens me soumettre à vous ; abandonnant ce
misérable Gondebaud. Si votre clémence daigne
m'accueillir, vous trouverez en moi, vous et vos
enfants, un serviteur fidèle et dévoué. » Le roi
le reçut avec empressement, et le retint auprès
de lui. Cet homme était enjoué dans la conversation, habile dans les conseils, judicieux et fidèle à exécuter les commissions qu'on lui confiait.

Enfin, quand Clovis avec toute son armée
assiégeait la ville où était renfermé Gondebaud,
Arédius lui dit : « Puissant roi, si votre grandeur
daigne écouter les paroles de son humble servi-

teur, quoique vous n'ayez pas besoin de conseil, je vous en donnerai un que je crois réellement salutaire, et convenable pour vous et pour le pays que vous devez traverser. Pourquoi retenir dans l'inaction votre armée, tandis que votre ennemi occupe une forteresse imprenable? Vous ravagez les campagnes, vous détruisez les prairies, vous arrachez les vignes, vous coupez les oliviers, enfin vous anéantissez toutes les productions du pays; et cependant vous ne causez aucun mal réel à Gondebaud. Envoyez-lui plutôt une députation, imposez-lui un tribut qu'il devra vous payer tous les ans; de cette manière le pays sera délivré, et vous aurez acquis un droit perpétuel de souveraineté sur votre tributaire. S'il refuse, vous serez libre alors de faire ce qu'il vous plaira. » Le roi goûta cet avis, et laissa le faux transfuge retourner chez lui. Gondebaud paya sur-le-champ le tribut qu'exigea Clovis, et s'engagea à le payer de même à l'avenir.

Quelque temps après, Gondebaud ayant rétabli ses forces, dédaignant de payer le tribut qu'il avait promis à Clovis, marcha avec son armée contre son frère Godégisile, et vint l'assiéger dans Vienne. Mais quand le menu peuple commença à manquer de vivres, Godégisile craignant d'être atteint lui-même par la famine, fit sortir de la ville toute cette classe d'habitants. Parmi ceux qui furent ainsi expulsés, se trouvait un ouvrier qui était chargé de veiller à

l'entretien des aqueducs. Furieux d'être chassé
de la ville, il va trouver Gondebaud et lui indi-
que le moyen de pénétrer dans l'intérieur de la
cité, et de se venger de son frère. Lui-même il
conduit une troupe de soldats par l'aqueduc,
se faisant précéder de plusieurs hommes armés
de leviers et de barres de fer, pour ouvrir le soupirail de l'aqueduc, qui était fermé par une
pierre énorme. Arrivés à ce soupirail, ils enlevèrent facilement la pierre avec leurs leviers,
en suivant les conseils que leur donnait l'ouvrier.
La troupe pénètre alors dans la ville, et attaque
par derrière les soldats qui se battaient sur le
haut des murailles. A un signal que donne la
trompette du milieu de la ville, les assiégeants
s'emparent des portes, les ouvrent et entrent
sans difficulté. Tandis que le peuple de la ville
se trouvait ainsi attaqué et taillé en pièces de
tous côtés, Godégisile s'enfuit dans l'église des
hérétiques où il fut tué avec l'évêque arien.
Enfin les Francs, qui se trouvaient auprès de
Godégisile, se réunirent tous dans une tour.
Gondebaud défendit de leur faire le moindre
mal; mais les ayant fait prisonniers, il les envoya en exil à Toulouse auprès du roi Alaric.
Ensuite il fit mettre à mort les sénateurs Bourguignons qui avaient suivi le parti de Godégisile,
et il réunit sous sa domination tout le pays qui
s'appelle aujourd'hui la Bourgogne. Il donna
aux Bourguignons des lois plus douces, et leur
défendit de maltraiter les Romains.

Alaric, roi des Goths, voyant Clovis soumettre tant de nations, lui envoya des députés chargés de lui porter ce message : « Si mon frère le trouve bon, je désirerais, avec la grâce de Dieu, avoir une entrevue avec lui. » Clovis y consentit, et vint à la rencontre d'Alaric. L'entrevue eut lieu dans une île de la Loire, non loin du bourg d'Amboise, dans le territoire de Tours. Ils s'entretinrent assez longtemps, et, après avoir bu et mangé ensemble, ils se séparèrent en se promettant une amitié réciproque.

Déjà un grand nombre de Gaulois désiraient ardemment des Francs sujets *des Francs.* Pour ce motif, Quintianus, évêque de Rhodez, fut chassé de sa ville épiscopale, car on l'accusait de souhaiter la domination des Francs Dans une violente contestation qui s'éleva entre les habitants de la ville de Rhodez et leur évêque, les Goths, qui demeuraient dans la ville, entendant qu'on reprochait au prélat de vouloir se soumettre aux Francs, résolurent de le faire périr. L'évêque, ayant appris leur dessein, s'échappa de Rhodez pendant la nuit, et, suivi de ses dévoués serviteurs, il se retira à Clermont où il fut accueilli avec bonté par saint Euphrase, évêque de cette ville.

Vers ce temps, Clovis dit à ses fidèles (à ses leudes) : « Je souffre avec impatience de voir les Ariens occuper une partie des Gaules. Marchons

contre eux, et avec l'aide de Dieu nous-soumet-
trons leur pays. » Tous approuvèrent cette pensée, et l'armée se mit en route pour le Poitou,
où Alaric faisait alors sa résidence. Mais, comme
une partie de l'armée des Francs était obligée de
traverser le territoire de Tours, le roi, par respect pour le bienheureux Saint-Martin, défendit
par un édit de rien prendre dans ce pays que
de l'herbe et de l'eau. Un soldat de l'armée s'empara par violence du foin d'un pauvre cultiva-
teur, en disant qu'il ne contrevenait pas à l'édit
du roi, puisque ce foin n'était autre chose que
de l'herbe. Ce fait étant parvenu à la connaissance du roi, il fit sur-le-champ punir de mort
le soldat, en disant : « Comment pouvons-nous
espérer la victoire, si nous offensons Saint-Martin? » Cette exécution suffit pour empêcher le
reste de l'armée d'enlever quoique ce fût de ce
pays.

Le roi envoya quelques-uns de ses serviteurs à
la basilique de Saint-Martin, avec des présents,
pour en obtenir quelques présages sur le succès
de son expédition. « Seigneur, disait-il, si vous
me protégez, et si vous avez résolu de livrer en
mes mains cette nation incrédule, et qui fut toujours votre ennemie, daignez me faire connaître
dans l'église de Saint-Martin que vous êtes favorable à votre serviteur. » Les envoyés se hâtèrent d'accomplir les ordres du roi, et au moment
où ils entraient dans le saint temple, ils enten-

dirent le primicier qui entonnait cette antienne :
«Seigneur, vous m'avez ceint de courage pour le
combat ; vous avez renversé sous mes pieds ceux
qui s'élevaient contre moi, vous avez mis en
fuite mes ennemis, et vous avez dispersé ceux
qui me haïssaient. »* Les envoyés du roi entendant ces paroles remercièrent Dieu, adressè-
rent des vœux au bienheureux confesseur, et
vinrent pleins de joie raconter au roi ce qu'ils
avaient entendu.

Lorsqu'il arriva avec son armée sur les bords
de la Vienne, il ne savait comment passer cette
rivière, que des pluies considérables avaient fait
déborder. Pendant la nuit, il pria Dieu de lui
indiquer un gué pour faire passer ses troupes.
Le matin, une biche d'une taille extraordinaire
traversa le fleuve en présence de l'armée, et lui
fit ainsi connaître où elle trouverait un passage.

Clovis rencontra Alaric, le roi des Goths, dans
la plaine de Vouglé, à dix milles de Poitiers **.
Après quelques instants de résistance, les Goths
tournèrent le dos, selon leur coutume, et Dieu
accorda la victoire à Clovis. Parmi les alliés de
ce dernier, se trouvait un fils de Sigebert-Claude,
nommé Clodéric. Ce Sigebert avait été blessé au
genou, en combattant les Allemands à la bataille
de Tolbiac, et il boitait depuis cette époque, ce

* Psaume 17, v. 39. 40.
** En 507, à Vivonne, selon l'abbé Lebeuf.

qui lui avait fait donner le surnom de boiteux
(Claudus).

Après avoir mis en fuite les Goths, Clovis
venait de tuer leur roi Alaric, lorsque deux
ennemis s'élancèrent tout à coup contre lui, de
chaque côté, lui portèrent un coup de lance dans
les flancs. Mais sa cuirasse et la rapidité de son
cheval lui sauvèrent la vie.

Dans ce combat, périrent un grand nombre
d'habitants de l'Auvergne qui étaient venus sous
la conduite d'Apollinaire, ainsi que les principaux sénateurs de cette nation.

Après la bataille, Amalaric, fils d'Alaric, se
sauva en Espagne, où il occupa avec habileté le
trône de son père.

Clovis envoya son fils unique en Auvergne, en
le faisant passer par Albi et par Rhodez. Ce
prince soumit à son père toutes les villes qui se
trouvaient entre les frontières du royaume des
Goths et la Bourgogne. Alaric avait régné vingt-
deux ans.

Clovis passa l'hiver à Bordeaux, et après avoir
enlevé de Toulouse tous les trésors d'Alaric, il
se rendit à Angoulême. Le Seigneur le favorisait
tellement, que les remparts des villes semblaient
tomber à son aspect. Les Goths furent donc
chassés d'Angoulême, et le roi s'empara de cette
ville. Après cette victoire, il revint à Tours, et
offrit de grands présents à l'église de Saint-
Martin.

Il reçut dans cette ville des lettres de l'empereur Anastase qui lui conférait le titre de consul. Il se revêtit dans la basilique de Saint-Martin de la tunique de pourpre et de la chlamyde, et plaça le diadème sur sa tête. Ensuite, étant monté à cheval, il parcourut tout le chemin qui se trouve entre la porte du vestibule de la basilique et l'église de la ville, en distribuant largement à la foule assemblée, et de sa propre main, une grande quantité de pièces d'or et d'argent; dès lors il reçut le nom de consul ou d'Auguste. En quittant Tours il se rendit à Paris, dont il fit la capitale de son royaume. Théodoric vint le trouver dans cette ville.

Pendant que Clovis résidait à Paris, il envoya secrètement auprès du fils de Sigebert un affidé qui lui dit : « Votre père commence à vieillir; il boite d'une jambe; par sa mort vous seriez assuré de son royaume et de notre amitié. » Séduit par le désir de régner, ce fils résolut de tuer le roi son père. Sigebert sortit un jour de Cologne, et passa le Rhin pour aller se promener dans la forêt de Buconic. Tandis que, vers le milieu du jour, il dormait dans sa tente, des assassins envoyés par son fils l'égorgèrent. Celui-ci se croyait déjà maître du royaume de son père; mais Dieu permit qu'il tombât dans le piége qu'il avait tendu à l'auteur de ses jours.

Clodéric envoie aussitôt des ambassadeurs auprès de Clovis pour lui annoncer la mort de son père, et les chargé de lui dire : « Mon père est mort, son royaume et ses trésors sont à ma disposition. Envoyez quelques-uns de vos gens auprès de moi, je leur remettrai volontiers ce qui pourra vous plaire dans ces trésors. » Clovis lui répondit : « Je vous remercie de votre bonne volonté, et vous prie de montrer à ceux que je vous envoie toutes les richesses que vous possédez. » Quand les envoyés du roi furent arrivés, il étala à leurs yeux tous les trésors de son père. Pendant qu'ils les examinaient, il leur dit : « Mon père avait l'habitude d'entasser dans ce petit coffre différentes pièces d'or. » « Portez la main jusqu'au fond, lui dirent les envoyés de Clovis, pour les trouver toutes. » Au moment où Clodéric s'incline dans le coffre pour chercher ces pièces, un d'eux lève sa hache, et lui fend la tête. Il reçut ainsi, comme il le méritait, la mort qu'il avait fait souffrir à son père.

Clovis, instruit que Sigebert et son fils étaient tués, se rendit à Cologne, y assembla le peuple, et dit : « Écoutez ce qui est arrivé. Je naviguais sur l'Escaut, lorsque Clodéric, fils de mon parent, poursuivait son père, et disait que je voulais le tuer. Pendant que le père fuyait dans la forêt de Buconie, son fils envoya contre lui des voleurs qui le tuèrent. Ce fils ensuite, en ouvrant les coffres qui renfermaient les trésors de son père, a été tué par je ne sais qui. Pour moi,

je n'ai participé en rien à tout ce qui s'est passé.
Je suis incapable de faire répandre le sang de
mes parents, ce qui serait un crime. Mais, après
de tels événements, je vous demande, si vous le
trouvez bon, de vous unir à moi, afin que vous
soyez sous ma protection. » Le peuple applaudit
par des cris et des battements de mains ; on l'é-
leva sur le pavois, et il fut proclamé roi. C'est
ainsi que le royaume et les trésors de Sigebert
tombèrent en son pouvoir.

Il tourna ensuite ses armes contre le roi Chararic. Dans le temps que Clovis faisait la guerre
à Siagrius, ce même Chararic que Clovis avait
appelé à son secours, se tint éloigné du champ
de bataille , sans prendre parti pour aucun des
combattants, mais attendant l'événement pour
se joindre au vainqueur. Clovis, que cette conduite avait indigné, résolut de s'en venger. Il se
saisit par trahison de sa personne et de celle de
son fils , les chargea de chaînes et leur coupa la
chevelure. Puis il commanda que le père fût ordonné prêtre, et le fils diacre. Chararic, indigné
de son état d'humiliation, se répandait en plaintes et en gémissements ; son fils lui dit : « Ce ne
sont que des feuilles coupées sur du bois vert ;
elles peuvent promptement renaître et repousser.
Puisse notre ennemi périr dans aussi peu de
temps qu'il en faut pour que notre chevelure soit
redevenue ce qu'elle était ! » Ces paroles par-

vinrent aux oreilles de Clovis; alors il leur fit couper la tête à tous deux, et s'empara de leur état, de leurs trésors et de leurs peuples.

Ragnachaire, roi de Cambrai, avait des mœurs si déréglées, que ses parents et ses proches n'étaient point à l'abri de ses passions effrénées. Il avait pour favori et pour confident un nommé Farron, souillé des mêmes vices que son maître; quand on apportait au roi un mets, ou un présent quelconque: « Cela suffira, disait-il, pour moi et pour mon Farron. » Cette conduite avait soulevé au plus haut degré la colère et l'indignation des Francs. Clovis, qui était instruit de leurs dispositions, fit présent aux leudes de bracelets et de baudriers d'or en apparence, mais qui n'étaient que de cuivre doré, afin de les déterminer à trahir Ragnachaire; puis il marcha avec son armée contre le roi de Cambrai. Celui-ci envoya des éclaireurs pour savoir ce qu'était cette nombreuse troupe qui s'avançait vers la ville; ils revinrent bientôt lui annoncer que c'était un renfort considérable qui arrivait pour lui et pour son Farron.

Bientôt Clovis commence l'attaque; mais voyant son armée n'opposer aucune résistance, Ragnachaire veut prendre la fuite. Alors ses propres soldats l'arrêtent, ainsi que son frère Richaire, leur lient les mains derrière le dos, et en cet état les livrent l'un et l'autre à Clovis.

En les voyant, Clovis dit à Ragnachaire :
« Pourquoi as-tu déshonoré notre famille en te
laissant ainsi garrotter ? Il vaudrait mieux que tu
fusses mort. » Alors il lève sa hache, et lui fend
la tête. Puis se tournant vers Richaire : « Si tu
avais secouru ton frère, il n'aurait pas eu l'humiliation d'avoir été conduit les mains liées. »
En disant ces mots, il lève sa hache, et le tue
de même.

Après la mort de ces deux princes, ceux qui
les avaient trahis reconnurent bientôt que l'or
qu'ils avaient reçu pour prix de leur crime était
faux; ils vinrent s'en plaindre au roi, qui se contenta de leur répondre : « Ceux qui volontaire-
ment livrent leurs maîtres à la mort ne doivent
être récompensés qu'avec de l'or faux,» ajoutant
qu'ils devaient s'estimer heureux de conserver
la vie , et de ne pas expier dans les tourments
leur infâme trahison. Cette réponse leur imposa
silence , et ils regardèrent comme une grâce
qu'on leur laissât la vie.

Ces deux princes dont nous venons de parler
étaient proches parents de Clovis. Ils avaient encore un frère qui était roi du Mans. Clovis le fit
assassiner. Les trois frères étant morts, il s'empara de tout leur royaume et de leurs trésors.

Clovis, ayant fait mourir plusieurs autres rois,
et ses plus proches parents , parce qu'il redoutait leur ambition , étendit sa domination sur
toutes les Gaules. Un jour ayant rassemblé ses

fidèles, on rapporte qu'il leur dit, en parlant de sa famille, qu'il avait lui-même fait périr : « Que je suis malheureux! Me voilà réduit à l'état d'un voyageur au milieu d'une nation étrangère ; je n'ai pas un seul parent dont, en cas de malheur, je puisse attendre des secours. » Ce n'était pas qu'il fût fâché de la mort de ses parents, mais il parlait ainsi par ruse, pour engager ceux qui l'écoutaient à lui découvrir quelque parent dont il eût ignoré l'existence, afin de le faire tuer.

Toutes ces choses s'étant passées ainsi, Clovis mourut à Paris *. Il fut enterré dans la basilique des Saints-Apôtres (saint Pierre et saint Paul, depuis Sainte-Geneviève) dont il avait été le fondateur, de concert avec la reine Clotilde. Il mourut cinq ans après la bataille de Vouglé. Il avait vécu quarante-cinq ans, et régné trente.

Après la mort de son mari, la reine Clotilde se retira à Tours. Elle fit de grands présents à la basilique de Saint-Martin. Elle passa tout le reste de sa vie dans cette ville, se signalant par la pratique de la vertu et des bonnes œuvres ; elle n'allait que rarement à Paris.

* Le 27 novembre 511.

FIN DU PREMIER CHAPITRE.

CHAPITRE II.

SOMMAIRE.

Les quatre fils de Clovis, Théodoric, plus
connu sous le nom de Thierry, Clodomer, Childebert et Clotaire, héritèrent de son royaume, et
le partagèrent entre eux également *. Théodoric

---

* Théodoric ou Thierry, régna à Metz ; Clodomer, à Orléans ; Childebert, à Paris ; et Clotaire, à Soissons. Le
royaume de Metz se nomma l'Austrasie ; celui d'Orléans de-

avait déjà un fils nommé Théodebert, remarquable par sa grâce et ses belles qualités. Tous
ces princes se distinguaient par leur courage, et
par le nombre et la force de leurs armées.

Amalaric, fils d'Alaric, roi d'Espagne, dési-
rant s'allier à des princes si puissants, rechercha
leur sœur en mariage. Les quatre frères consentirent à cette union, et ils conduisirent eux-mêmes
leur sœur en Espagne, avec une grande quantité de parures et d'ornements précieux.

Sur ces entrefaites, les Danois, sous la conduite d'un de leurs rois nommé Chochilach, abor-
dèrent sur les côtes de la Gaule. Étant descen-
dus à terre, ils ravagèrent un pays dépendant
du royaume de Théodoric, et emmenèrent les
habitants en esclavage. Déjà les navires étaient
chargés des captifs et du butin qu'ils avaient enlevé, et ils n'attendaient plus qu'un vent favorable pour retourner dans leur pays. Leur roi était
resté à terre jusqu'à ce que sa flotte eût pris le
large, se préparant alors à la suivre. Théodoric,
à la nouvelle qu'une partie de son territoire était
ravagée par des étrangers, envoya de ce côté son
fils Théodebert avec une puissante armée. Le roi
Chochilach fut tué, et Théodebert poursuivant

vint plus tard le royaume de Bourgogne ; celui de Soissons, la
Neustrie ; celui de Paris ne changea pas de nom, d'où beaucoup d'historiens n'ont compté comme rois de France que les
rois de Paris.

la flotte ennemie la défit entièrement, et reprit tout le butin que les ennemis avaient enlevé.

Trois frères gouvernaient alors les Thuringiens: Badéric, Hermanfied et Barthaire. Hermanfried tua son frère Barthaire, qui laissa à sa mort plusieurs fils et une fille nommée Radegonde, dont nous parlerons dans la suite. Ce fut l'épouse d'Hermanfried, nommée Amalberge, femme injuste et cruelle, qui alluma la guerre civile entre les frères. Son mari, se rendant un jour à la salle des festins, trouva la table à moitié couverte; et comme il en demandait la raison à sa femme : « Tu te plains, lui dit-elle, de n'avoir que la moitié d'une table, et tu ne te plains pas de n'avoir que la moitié d'un royaume. » C'était par de semblables reproches, sans cesse renouvelés, qu'elle excitait son mari contre le seul frère qui lui restait. Il proposa secrètement à Théodoric une association pour se défaire de Badéric, lui promettant, en cas de succès, de partager son royaume avec lui. Théodoric accepta avec joie cette proposition. Il réunit son armée à celle d'Hermanfried, et tous deux attaquèrent de concert Badéric, qui fut battu et tué dans le combat. Théodoric revint dans son pays; mais Hermanfried refusa de lui livrer la récompense promise; ce fut la cause de la haine qui s'éleva entre eux, et de la guerre qui en fut la suite.

Après la mort de Gondebaut, son fils Sigis-

mond lui succéda. Ce prince avait épousé en
premières noces une fille de Théodoric, roi d'I-
talie, dont il avait eu un fils nommé Sigeric. Il
épousa après sa mort une autre femme, qui conçut une haine violente contre le fils de son mari,
comme c'est l'ordinaire aux marâtres. Un jour
de fête, Sigeric, la voyant revêtue des habits
qui avaient appartenu à sa mère, ne put conte-
nir son indignation, et il dit à haute voix : «Non,
tu n'étais pas digne de porter ces vêtements qui
appartenaient à ma mère, à ta maîtresse. » Ces
paroles excitèrent au plus haut degré la fureur
de cette femme; elle porta ses plaintes à son
mari, et, par des discours artificieux, elle chercha à lui rendre son fils odieux. « Ce méchant,
lui disait-elle, veut s'emparer de votre royaume,
vous faire périr et étendre sa domination jusqu'aux frontières de l'Italie, pour réunir vos
états à ceux de son grand-père Théodoric. Mais
il sait que ce projet ne peut s'accomplir de votre
vivant, et qu'il ne devra son élévation qu'à votre
chute. » C'est par ces propos, et d'autres semblables, que cette femme perfide excita la colère de son mari. Pendant que son fils dormait
après son repas, au milieu du jour, il le fit étrangler par deux de ses serviteurs affidés; mais à
peine ce crime était-il accompli, qu'il se précipita sur le cadavre de son enfant, et poussa des
cris et des gémissements lamentables. Tandis
qu'il donnait ces marques d'une douleur amère,

un vieillard s'approcha de lui, et lui dit : « C'est
sur toi-même que tu dois pleurer, toi qui, cé-
dant à d'infâmes conseils, as eu la cruauté de
commettre cet affreux parricide. L'innocent que
tu as fait étrangler n'a pas besoin de tes larmes. »
Après cet événement, Sigismond se retira dans
le couvent d'Agaunum *, où, par ses larmes, ses
prières et ses mortifications, il s'efforça d'apaiser
la justice divine. Il revint à Lyon, toujours en
proie à ses remords. Sa fille épousa le roi Thierri.

La reine Clotilde, s'adressant à Clodomer et à
ses autres enfants, leur dit : « Faites en sorte, mes
très-chers fils, que je n'aie point à me repentir
de la tendresse avec laquelle je vous ai élevés ;
ressentez avec indignation l'injure que j'ai reçue,
et vengez avec constance la mort de mon père et
de ma mère. » Les fils de Clotilde, s'empres-
sant d'obéir aux désirs de leur mère, entrèrent
en Bourgogne et attaquèrent Sigismond et son
frère Godomar. L'armée des Bourguignons fut
défaite, et Godomar parvint à s'échapper. Mais
Sigismond, qui cherchait à gagner le couvent
d'Agaunum, fut arrêté avec sa femme et ses enfants, et amené prisonnier à Orléans. Après le
départ des fils de Clovis, Godomar rassembla
les Bourguignons dispersés, et reprit son royaume. Clodomer se disposa à marcher de nouveau

* Saint-Maurice en Valais, dont il avait été le fondateur.

contre lui, mais auparavant il résolut de se défaire de Sigismond. Le bienheureux Avitus, abbé
de Nuits, instruit du dessein de Clodomer,
vint le trouver et lui dit : « Si par respect pour
les commandements de Dieu vous changez de
résolution, et si vous ne laissez pas mettre à mort
vos prisonniers, Dieu sera avec vous, et vous
obtiendrez la victoire; mais si vous les faites périr, vous tomberez vous-même au pouvoir de vos
ennemis, et vous subirez vous, votre femme et
vos enfants, le même sort que vous aurez fait
subir à Sigismond, à sa femme et à ses enfants. »
Clodomer méprisa ce conseil, et répondit que
ce serait une folie de laisser un ennemi derrière
lui tandis qu'il en aurait un autre en tête, et
qu'il serait bien plus sûr de la victoire quand il
n'aurait à combattre qu'un seul adversaire. Il
fit tuer aussitôt Sigismond, sa femme et ses enfants, et les fit jeter dans un puits, à Coulmiers,
près d'Orléans. Ensuite il marcha de nouveau
contre les Bourguignons, après avoir demandé
des secours à son frère Thierry. Mais celui-ci,
voulant venger son beau-père immolé par Clodomer, promit de le seconder et n'en fit rien,
sachant bien que seul son frère succomberait.

L'armée des Francs et celle des Bourguignons
se rencontrèrent à Vésérone, auprès de Vienne.
L'armée de Godomar prit la fuite; Clodomer,
s'attachant avec ardeur à la poursuite de l'ennemi, s'écarta trop des siens. Il aperçoit à quel-

que distance une troupe de gens de guerre, qui
lui crient dans la langue des Francs : « Par ici,
par ici, nous sommes vos gens. » Plein de confiance, il se précipite au milieu d'eux, et se
trouve entouré d'ennemis. Les Bourguignons
lui tranchèrent la tête et l'élevèrent au bout
d'une pique pour la montrer aux Francs. A cette
vue, les Francs veulent venger la mort de Clodomer; ils se rallient, mettent de nouveau Godomar en fuite, écrasent les Bourguignons, et
soumettent une partie de leur territoire.

Peu de temps après cet événement, Clotaire
épousa Gondioque, la veuve de son frère Clodomer. Après les jours de deuil, la reine Clotilde
recueillit les enfants de Clodomer, et les garda
auprès d'elle. L'aîné se nommait Théodovald,
le second Gonthaire, et le troisième Chlodovald.

Thierry n'avait pas oublié le manque de foi
d'Hermanfried, roi de Thuringe. Il s'associa son
frère Clotaire, lui promettant de partager avec lui
le fruit de la victoire, si Dieu la leur accordait.

A l'approche des Francs, les Thuringiens leur
préparèrent des embûches. Dans la plaine où
devait se livrer la bataille, ils creusèrent de
grandes fosses, couvertes de gazon, qui dissimu-
laient le piége. Au commencement du combat,
un grand nombre de cavaliers francs tombèrent
dans ces fosses; il en résulta d'abord quelque
désordre, mais on prit des précautions et on

évita ces piéges. Bientôt les Thuringiens furent
battus ; le roi Hermanfried s'enfuit, et le reste
de l'armée se sauva jusqu'aux bords de l'Und-
strut. Là, les Thuringiens furent taillés en pièces,
et le massacre fut si grand, que le lit de la rivière fut rempli de cadavres, et que les Francs
passaient d'une rive à l'autre sur ce pont de nouvelle espèce. Après cette victoire, les deux frères
soumirent le pays à leur domination.

Radegonde, fille de Barthaire, était tombée
entre les mains de Clotaire; il l'emmena comme
prisonnière, et l'épousa ensuite. Ce mariage
n'empêcha pas Clotaire de faire assassiner dans la
suite le frère de Radegonde. Pour elle, tournant
toutes ses pensées vers Dieu, elle prit l'habit re-
ligieux, et se retira à Poitiers dans un monastère qu'elle avait fait construire. Là, elle se livra
sans réserve à la prière, à la mortification, et à la
pratique de l'aumône, ce qui lui attira la vénération des peuples.

Tandis que les deux rois étaient en Thuringe,
Thierry avait formé le projet de se défaire de
son frère Clotaire. Il le fit inviter en conséquence
à une conférence secrète dans son pavillon. Une
partie de l'appartement, où il l'attendait, était
remplie d'hommes armés qui devaient à un signal
de Thierry égorger son frère. Cette partie de la
salle était séparée de l'autre par une toile qui
n'arrivait pas tout à fait jusqu'à terre. Clotaire,

en entrant, remarqua les pieds des soldats rassemblés dans l'autre moitié de la tente, et alors
il fit entrer son escorte avec lui. Thierry voyant
son dessein découvert, n'entretint son frère que
de choses indifférentes ; puis, ne sachant quel
moyen employer pour masquer sa trahison, il
lui parla de sa tendresse fraternelle, en signe de
laquelle il lui fit don d'une magnifique coupe
d'argent. Clotaire accepta ce présent en le remerciant, et prenant congé de son frère, il se
retira dans son logement. Mais Thierry, se re-
pentant de s'être privé sans motif d'un objet aussi
précieux, envoya son fils Théodebert le redemander à son oncle. Celui-ci ne fit aucune difficulté de le rendre. De pareils traits de fourberie
étaient familiers à Thierry.

De retour dans ses états, Thierry invita, sous
la foi des serments qui devaient garantir sa sécurité, Hermanfried à venir le trouver pour traiter
ensemble de leurs intérêts. Thierry l'accueillit
avec distinction, et le combla de présents. Il arriva qu'un jour, tandis qu'ils se promenaient sur
les murailles de Tolbiac, en causant ensemble
familièrement, quelqu'un poussa Hermanfried,
et le précipita du haut en bas des murs, où il
expira aussitôt. Nous ignorons quel fut l'auteur
de ce crime, mais on l'attribue généralement à
Thierry.

Dans le temps que Thierry était encore en

Thuringe, le bruit de sa mort se répandit en
Auvergne. Arcadius, sénateur de cette province,
invita Childebert à s'en emparer. Ce prince se
rendit sur-le-champ en Auvergne. Il faisait ces
jours-là un brouillard si épais qu'à peine la vue
pouvait-elle embrasser l'étendue d'un demi-ar-
pent. Le roi ne cessait pourtant de répéter qu'il
désirerait bien voir la Limagne d'Auvergne, dont
la renommée lui avait tant vanté la beauté et l'a-
grément. Mais Dieu ne permit pas que ce désir
fût satisfait. En arrivant aux portes de la ville, il
les trouva fermées; mais Arcadius brisa le ver-
rou d'une porte, et le fit entrer ainsi dans Clermont. Presque aussitôt on annonça que Thierry
était vivant et de retour de la Thuringe.

Instruit positivement de cette nouvelle, Childebert s'empressa de quitter Clermont et de se
rendre en Espagne où l'appelaient les intérêts de
sa sœur Clotilde. Cette princesse était exposée
aux mauvais traitements de son mari Amalaric, à
cause de son attachement à la foi catholique.
Souvent, quand elle se rendait à l'église catholique, elle était, par ordre de son mari, insultée
par le peuple, couverte de boue et d'ordures.
Se portant aux dernières extrémités, il la frappa
au point de faire couler son sang, dont son voile
fut tout trempé. Elle envoya à son frère Childebert cette preuve de la brutalité et de la cruauté
de son époux; c'est ce qui le décida à se rendre
en Espagne avec une armée. A cette nouvelle,

Amalaric se disposa à prendre la fuite sur ses
váisseaux. Mais, au moment de s'embarquer, il
se rappela qu'il avait oublié dans son trésor une
grande quantité de pierres précieuses. En voulant rentrer dans la ville, il la trouva cernée par
l'armée des Francs qui lui en fermait l'entrée.
Voyant qu'il ne pouvait échapper, il se sauva
dans l'église catholique; mais, avant d'avoir pu
en atteindre le seuil, il fut frappé d'un coup de
lance par un soldat, et expira sur-le-champ.
Alors Childebert, chargé de riches dépouilles,
se mit en route en ramenant sa sœur avec lui;
mais elle mourut pendant ce voyage. Son corps
fut apporté à Paris et enterré auprès de celui de
son père Clovis.

Childebert choisit parmi ses trésors tout ce
qu'il y avait de plus précieux pour le service du
culte divin. Il fit don aux églises et aux basili-
ques des saints de soixante calices, quinze pa-
tènes, vingt coffres pour renfermer les évangiles,
le tout orné d'or fin et de pierres précieuses.

(532) Quelque temps après, Clotaire et Childebert préparèrent une expédition contre la
Bourgogne. Thierry, qu'ils invitèrent de se joindre à eux, s'y refusa; mais les Francs de son armée lui déclarèrent qu'ils marcheraient sans lui
avec ses frères-à-l'expédition de Bourgogne. Craignant d'être abandonné de ses soldats, Thierry
leur dit, pour les retenir : « Suivez-moi en Au-

vergne, vous trouverez dans ce pays autant d'or
et d'argent que vous pouvez en désirer; vous
aurez en abondance des troupeaux, des esclaves,
des vêtements et toutes sortes de richesses. »
Engagés par ces paroles, ils promettent de lui
obéir. Il se prépare en conséquence à son expédition, en répétant à son armée que tout le butin et tous les esclaves de ce pays leur appartien-
draient.

Cependant Childebert et Clotaire avaient pénétré en Bourgogne; ils s'emparèrent d'Autun,
mirent en fuite Godomar, et soumirent tout le
pays.

Thierry, de son côté, s'avance en Auvergne,
portant la désolation et le ravage dans toute cette
contrée. Arcadius, auteur du fait qui attirait
sur l'Auvergne tant de calamités, s'enfuit lâche-
ment à Bourges, ville dépendant alors du royaume de Childebert. Sa mère, Placidine, et sa tante
Alchimes, furent arrêtées dans la ville de Cahors,
et, après avoir été dépouillées de tout ce qu'elles
possédaient, elles furent envoyées en exil.

Le roi Thierry arriva bientôt à Clermont, et
plaça son camp dans un faubourg de la ville.
Le bienheureux Quintianus en était alors évêque.
Cependant l'armée parcourut tout ce malheureux pays, détruisant et ravageant tout. Quelques soldats, arrivant jusqu'à la basilique de St.-
Julien, en brisèrent les portes et les verrous,
pillèrent le bien des pauvres qu'on y avait ra-

massé, et s'y livrèrent à toutes sortes de désordres.

Thierry, après s'être emparé de Clermont et des châteaux de Vollore et de Merliac, se retira en laissant la province sous le gouvernement de Sigewald son parent.

Vers ce temps, Monderic, qui se prétendait issu de race royale, voulut réclamer les droits que, selon lui, il avait au trône. Déjà il avait attiré à lui un grand nombre de partisans qui s'empressaient de le suivre, lui juraient fidélité, et l'honoraient comme un roi. Thierry, en apprenant cette nouvelle, lui fit dire de venir le trouver, et que s'il avait droit à quelque portion de son royaume, il la lui donnerait. Mais ce n'était qu'une embûche que Thierry lui tendait, pour l'attirer auprès de lui et le faire périr. Monderic, connaissant l'intention de Thierry, refusa son invitation et se contenta de répondre à ses envoyés : « Allez dire à votre maître que je suis roi comme lui. » Alors Thierry envoya une armée contre lui ; mais, prévoyant qu'il ne pourrait résister en bataille rangée, Monderic s'enferma dans le château de Vitry, où il réunit tous ses partisans, et résolut de s'y défendre jusqu'à la dernière extrémité. Le siége durait déjà depuis sept jours, sans apparence de succès ; alors Thierry, désespérant de triompher par la force, s'adressa à Arégisile un de ses confidents, et lui dit : « Garde que ce perfide ne réussisse dans sa révolte; va auprès de lui et engage-toi par serment à le faire sortir avec sécurité ; mais dès qu'il sera sorti, tue-le, et détruis sa mémoire dans notre royaume. » En conséquence, Arégisile se rendit auprès de Monderic à qui il fit sentir que c'était folie à lui d'entreprendre de résister au roi ; que bientôt, pressé par la famine, il se verrait forcé de se rendre à discrétion, et qu'alors il n'aurait à espérer aucune grâce; tandis que s'il se soumettait à présent, il obtiendrait la vie sauve pour lui et ses enfants. Quoiquo ébranlé par ces discours, Monderic manifestait encore la crainte d'être massacré avec sa famille et ses compagnons, s'il se rendait au roi. Pour le rassurer, Arégisile promit par serment sur l'autel qu'il ne lui serait fait aucun mal, et que le roi oublierait tout ce qui s'était passé.

Ce serment ayant banni de lui toute défiance, Monderic sortit de la forteresse en donnant la main à Arégisile. L'armée, placée à unecertaine distance, les regardait marcher ensemble; mais tout à coup, à un signal convenu, les troupes s'avancèrent pour massacrer Monderic. Celui-ci, apercevant le signal et le mouvement des soldats, s'écria : « Je vois que tu m'as trompé par un parjure; mais tu ne me survivras pas. » A ces mots, il le frappe de sa lance entre les deux épaules, et l'étend mort à ses pieds; puis tirant son glaive, et secondé des siens qui l'imitent, il fait un grand carnage des ennemis, et ne cesse de combattre, jusqu'à ce qu'accablé par le nombre, il périt avec tous les siens. Après sa mort, tous ses biens devinrent la propriété du fisc.

Thierry et Childebert firent entre eux un traité, et s'engagèrent par serment de ne rien tenter l'un contre l'autre. Pour garantir cette alliance, ils se donnèrent l'un à l'autre des otages, pris pour la plupart parmi les fils des sénateurs ; mais les deux frères s'étant brouillés de nouveau, ils réduisirent en esclavage tous les otages qu'ils avaient reçus.

Pendant un voyage que la reine Clotilde avait fait à Paris où elle séjourna quelque temps, Childebert, voyant sa mère prodiguer toute son affection aux fils de Clodomer, dont nous avons parlé, tourmenté par la jalousie et par la crainte qu'elle ne parvînt à leur conserver le trône de leur père, envoya secrètement un message à son frère Clotaire, et lui fit dire : « Notre mère garde auprès d'elle les fils de notre frère, elle veut qu'ils soient rois ; viens promptement à Paris, afin que nous nous concertions ensemble sur ce qu'il convient de faire : nous déciderons s'il faut leur couper la chevelure, et les réduire ainsi à la condition des personnes du peuple, ou bien s'il faut les tuer ; en ce cas, nous nous partagerons à portions égales le royaume de notre frère. » Très-content de cette proposition, Clotaire se rend à Paris. Childebert avait fait répandre le bruit parmi le peuple que son entrevue avec son frère n'avait pour objet que d'élever les enfants sur le trône de leur père.

Clotaire étant arrivé, ils envoyèrent de concert un message à la reine, qui demeurait alors à Paris, pour lui demander ces enfants, afin de les faire reconnaître pour rois. Clotilde, ne soupçonnant guère le piège qu'on lui tendait, fut transportée de joie; elle fait boire et manger les enfants, les livre aux envoyés de leurs oncles, et leur dit en les quittant : « J'oublierai que j'ai perdu mon fils Clodomer, si vous êtes élevés au rang des rois. »

Aussitôt que ces enfants sont arrivés près de leurs oncles, on les saisit; on saisit leurs serviteurs, et on les enferme dans des prisons séparées.

Arcadius, dont nous avons déjà parlé, fut alors envoyé par Childebert et Clotaire, auprès de leur mère Clotilde. Il se présenta devant la reine, tenant d'une main une paire de ciseaux et de l'autre un poignard nu. « O reine très-glorieuse, dit-il, vos fils, nos maîtres, attendent que vous manifestiez votre volonté, que vous prononciez sur le sort de vos petits-enfants. Voulez-vous qu'ils vivent privés de leurs chevelures, ou bien voulez-vous qu'il soient égorgés? » A ces mots, et à la vue des deux instruments de la dégradation ou de la mort de ses enfants, elle est tour à tour agitée par des sentiments de terreur et de colère. Dansl'excès de sa douleur, ne sachant trop ce qu'elle disait, elle laisse échapper ces paroles : « J'aime mieux qu'ils soient égorgés. »

Arcadius, peu touché de la douleur de cette reine, sans vouloir en entendre davantage, sans chercher à pénétrer sa véritable pensée, se rendit promptement auprès des rois ses maîtres, et leur dit : « Faites ce que vous avez projeté; là la reine elle-même approuve votre résolution et veut qu'elle soit exécutée. »

Aussitôt Clotaire saisit par le bras l'aîné des enfants, le renverse à terre, et lui plongeant un poignard sous l'aisselle, il a la cruauté de le faire ainsi périr. L'enfant meurt en poussant des cris. Son frère, effrayé, se jette aux pieds de Childebert, embrasse ses genoux, et dit en pleurant : « Secourez-moi, ô mon bon père, que je ne périsse pas comme mon frère! » Childebert, touché jusqu'aux larmes, dit à Clotaire : « Mon cher frère, je t'en prie, laisse la vie à cet enfant; accorde-moi cette grâce, et je te donnerai tout ce que tu désireras, si tu ne le tues pas. »

Ces prières mettent Clotaire en fureur : «Repousse cet enfant de tes bras, s'écria-t-il, ou tu vas mourir pour lui; c'est toi qui as formé ce complot, et tu manques si promptement à ta parole! » Childebert repousse son neveu et le rejette à son frère qui le saisit, lui enfonce son poignard dans le côté, et le tue comme il avait tué l'aîné.

Les serviteurs et les nourriciers de ces enfants furent égorgés à leur tour ; après cela , Clotaire monte à cheval, et s'éloigne sans s'inquiéter des meurtres qu'il venait de commettre. Childebert se retire dans une maison de campagne voisine de Paris.

La reine fit ensevelir les corps de ces deux enfants; leur convoi funèbre fut célébré avec magnificence, et la reine l'accompagna en versant d'abondantes larmes jusqu'à l'église de Saint-Pierre, où ils furent inhumés. L'aîné de ces enfants avait dix ans, le plus jeune n'en avait que sept.

Quant au troisième enfant, nommé Chlodovald, des hommes puissants (des Leudes) l'enlevèrent et le ravirent à la mort. Mais dans la suite, renonçant à une royauté terrestre , il se tourna vers le Seigneur, coupa de ses mains sa chevelure, et reçut les ordres sacrés. Devenu prêtre, il passa le reste de sa vie dans la pratique des bonnes œuvres, et mourut en odeur de sainteté. (Saint Cloud.)

Les deux rois partagèrent ensuite, et à parts égales, le royaume de Clodomer.

Saint Grégoire était alors évêque de Langres. Ce grand prélat était célèbre par ses vertus et par ses miracles. Puisque je suis venu à parler de lui, je crois qu'on lira avec plaisir la description du château de Dijon, où il faisait sa résidence habituelle.

Ce château, situé au milieu d'une plaine assez agréable, est entouré de très-fortes murailles. La terre y est si fertile, qu'après un seul labour, la semence qu'on y jette produit une abondante moisson. Au midi coule la rivière d'Ouche, extrêmement poissonneuse ; au nord, il y a une autre petite rivière qui, entrant par une porte, passe sous un pont, sort par la porte opposée, et entoure toute la forteresse de son onde pure et tranquille. A sa sortie, elle fait tourner des moulins avec une rapidité étonnante. Les quatre portes sont placées aux quatre points cardinaux ; tout l'édifice est garni de trente-trois tours ; les murs d'enceinte sont construits en pierres de taille carrées jusqu'à une hauteur de vingt pieds ; le surplus est en moellons ; ces murs ont trente pieds de haut, et quinze d'épaisseur ; je ne sais pourquoi cette forteresse n'a pas reçu le nom de ville. Elle est entourée de fontaines remarquables ; au couchant s'élèvent des montagnes très-fertiles, dont les vignobles produisent un vin délicieux. Quelques-uns prétendent que ce château a été construit par l'empereur Aurélien.

Après la mort de Clovis, les Goths avaient repris une partie des conquêtes que ce roi avait faites sur eux. Thierry envoya contre eux Théodebert ; Clotaire envoya son fils aîné Gonthier. Les deux princes marchèrent ensemble jusqu'à

Rhodez ; mais arrivés là, ils se séparèrent, je ne sais pourquoi, et Clotaire revint sur ses pas. Théodebert poursuivit son expédition ; il alla vers Béziers s'emparer de Dion, où il fit un grand butin. Il envoya sommer Cabrières ; et Deuthérie, belle et noble dame gauloise, lui abandonna le château. Théodebert vint en personne prendre possession de la forteresse, et, charmé des grâces de Deuthérie, il l'épousa. Il eut d'elle un fils nommé Théodebald qui lui succéda.

Pendant que Théodebert poursuivait ses conquêtes, Thierry fit tuer son parent Sygewald, à qui il avait confié le gouvernement de l'Auvergne. Il écrivit secrètement à Théodebert de faire subir le même sort à Giwald, fils de Sygewald, qui se trouvait alors auprès de lui. Mais Théodebert avait présenté lui-même Giwald au baptême, et il ne put se résoudre à faire périr celui à qui il était attaché par un lien aussi sacré. Il va le trouver, lui fait lire la lettre de son père, et lui dit ensuite : « Hâte-toi de fuir, car tu le vois, j'ai reçu l'ordre de te tuer ; mais dès que tu apprendras la mort de mon père et mon avénement au trône, reviens en toute sûreté me trouver. Giwald, plein de reconnaissance, lui dit adieu et partit. Les Goths occupaient alors la ville d'Arles, qui avait donné des otages à Théodebert ; Giawald se réfugia d'abord dans cette ville ; mais s'y croyant peu en sûreté, il alla en Italie où il resta caché.

Bientôt après Théodebert fut averti que son père était dangereusement malade, et que, s'il ne se hâtait d'accourir, il ne le trouverait plus vivant, et qu'il serait privé de son héritage par ses oncles. A cette nouvelle, il abandonne le soin de toute autre affaire et vole auprès de son père, après avoir laissé en Auvergne Deuthérie et sa fille qu'elle avait eue de son premier mariage. Quelques jours après son départ, son père mourut après avoir régné vingt-trois ans.

Cependant Childebert et Clotaire tentèrent d'enlever à Théodebert le royaume de son père. Il fut obligé d'apaiser ses oncles par des présents ; puis ayant été reconnu par ses Leudes, il se trouva affermi sur le trône. Il fit alors venir d'Auvergne Deuthérie, et la reconnut publiquement pour son épouse.

Childebert abandonna bientôt les dispositions malveillantes qu'il avait manifestées contre son neveu. Touché de ses brillantes qualités, il lui envoya une députation pour l'engager à venir auprès de lui, l'assurant que, puisqu'il n'avait pas d'enfant, il le traiterait comme son fils. Théodebert répondit à cette invitation, et Childebert l'enrichit de tant de présents qu'il excita l'admiration de tout le monde. De tous les biens, armes, habits et autres ornements qui conviennent à un roi, il lui en donna trois paires, et tout autant de paires de chevaux et de coupes.

Giwald apprenant que Théodébert avait recueilli l'héritage de son père, s'empressa de quitter l'Italie pour venir le trouver. En le voyant Théodebert fut ravi de joie; il serra son ami dans ses bras, il lui fit don du tiers de tous les présents qu'il avait reçus de son oncle; il lui fit rendre aussi tous les biens qui avaient appartenu à son père Sigewald, et que Thierry avait confisqués.

En s'affermissant sur le trône, Théodebert se montra grand, et se rendit éminent dans toutes sortes de vertus. Il gouverna son royaume selon la justice; plein de vénération pour la religion et ses ministres, soulageant les pauvres, et en comblant quelques-uns des plus grands bienfaits, il montra un zèle tout plein de piété et de douceur.

Une guerre civile s'éleva entre les rois Francs. Childebert, de concert avec son neveu Théodebert, résolut d'attaquer Clotaire. Craignant de succomber contre leurs forces réunies, Clotaire se jeta dans une forêt, et s'y retrancha. Il se fit un rempart des arbres qu'il abattit en grand nombre, mais il plaça son espérance en Dieu plutôt que dans ce faible secours.

Cependant la reine Clotilde, consternée, était accourue au tombeau de saint Martin. Là, prosternée au pied des autels, elle passa la nuit en prières, conjurant le ciel d'arrêter la guerre civile qui venait d'éclater entre ses enfants.

Les rois coalisés cernaient la forêt où s'était réfugié Clotaire. L'attaque était résolue pour le lendemain, et la perte de Clotaire paraissait inévitable. Mais au point du jour il s'éleva une tempête horrible sur le camp des assiégeants. Un vent furieux renverse les tentes et bouleverse tout; le tonnerre gronde, les éclairs brillent sans interruption; une grêle énorme et des pierres même tombent des nuages amoncelés. Les soldats, couchés la face contre terre, n'ont d'autre abri contre la grêle qui les frappe, que leurs boucliers, et dans cette posture ils tremblent encore d'être brûlés par le feu du ciel. Les chevaux sont dispersés au loin, et un grand nombre même ne purent être retrouvés. Les deux rois, étendus à terre comme les autres, touchés de repentir d'avoir entrepris cette guerre impie, en demandent pardon à Dieu, qui manifestait sa colère d'une manière si éclatante. Il n'était pas tombé une goutte de pluie sur le camp de Clotaire; on n'y avait pas même senti le moindre souffle de vent, ni entendu le tonnerre. Les rois alliés lui envoyèrent aussitôt offrir la paix; elle fut conclue, et ils revinrent chacun sur leur territoire. L'heureuse issue de cette guerre ne laissa douter à personne que ce succès inespéré ne fût dû à l'efficacité des prières de Clotilde et à la puissante intercession de saint Martin.

Cette guerre terminée, **Childebert et Clotaire**

attaquèrent l'Espagne, et vinrent avec leur armée mettre le siége devant Sarragosse. Les habitants de cette ville, réduits au secours du ciel, se couvrirent de cilices, jeûnèrent et parcoururent processionnellement les remparts, en portant devant eux la tunique de saint Vincent martyr, et en chantant religieusement les psaumes. Les femmes elles-mêmes, enveloppées de longs voiles noirs, les cheveux épars, la tête couverte de cendres, suivaient en poussant des gémissements, comme si elles avaient assisté aux funérailles de leurs maris. Ce peuple n'avait plus d'espoir qu'en Dieu, et il mettait toute sa confiance en sa miséricorde qui se laisserait fléchir par leurs prières. Les Francs, étonnés à ce spectacle, ne savaient que penser de voir les remparts garnis de pénitents au lieu de soldats; ils prirent même ces pieuses cérémonies pour des maléfices. Ils arrêtèrent un paysan qui était sorti de la ville, et lui demandèrent ce que signifiait cette conduite des assiégés. « Ils portent, répondit-il, la tunique de saint Vincent, et ils le prient d'invoquer pour eux la miséricorde divine. » Les assiégeants, effrayés, s'éloignèrent de la ville, et, après avoir fait la conquête d'une grande partie de l'Espagne, ils rentrèrent dans les Gaules chargés de butin.

Théodebert fit aussi la guerre en Italie, et y eut de grands succès. Mais comme cette contrée est, dit-on, malsaine, son armée fut en proie à plusieurs maladies qui en firent périr un grand nombre. Théodebert se vit ainsi forcé de rétrograder ; mais il rentra dans son pays chargé de nombreuses dépouilles. Ses lieutenants restèrent en Italie, et combattirent avec avantage Bélisaire et Narsès. L'un d'eux, nommé Buccelin, pénétra même en Sicile, et envoya de grandes sommes d'argent à Théodebert. Sur ces entrefaites, ce prince tomba malade. Les médecins s'appliquèrent avec zèle à sa guérison, mais leurs efforts furent impuissants, car son heure marquée par la volonté de Dieu était arrivée. Après qu'il eut longtemps souffert, le mal finit par triompher, et il expira. Théodebald, fils de Deuthérie, succéda sans difficulté au roi son père.

Une sédition passagère agita seulement les commencements de ce règne. Parthénius, trésorier de l'épargne du roi défunt, était tombé dans la haine du peuple, pour quelques tributs levés arbitrairement. Ce fut le sujet du soulèvement. Parthénius, voyant le danger qui le menaçait, sortit de la ville, et alla prier deux évêques de tâcher par leurs discours d'apaiser la fureur du peuple. Les évêques se rendirent à Trèves pour remplir cette mission ; pendant leur absence, Parthénius passa une nuit fort agitée. Tandis qu'il reposait dans son lit, il se réveilla tout à coup en criant d'une voix forte : « Hélas ! hélas !

à mon secours, à mon secours, je péris ! » Ces cris ayant réveillé les personnes qui se trouvaient là, on lui demanda ce qu'il avait. « C'est mon ami Ausanius et sa femme Papianilla, que j'ai fait mourir autrefois, qui m'appellent au jugement de Dieu. Je les entends qui me disent : Viens répondre à l'accusation que nous avons portée contre toi devant le Seigneur. » Effectivement, quelques années auparavant, il avait tué par jalousie, son ami et sa femme innocente.

Les évêques étant arrivés à Trèves firent d'inutiles efforts pour apaiser le peuple ; alors ils firent cacher Parthénius dans une église, et le placèrent au fond d'un coffre sous un amas d'ornements sacrés. Bientôt le peuple entra, parcourut tous les recoins de l'église, et ne trouvant rien il se retirait en grondant de colère, quand un homme s'avisa de dire : « Voilà un coffre dans lequel nous n'avons pas cherché. » Les gardiens de l'église protestèrent qu'il n'y avait que des ornements. « C'est égal, répondit la foule ; ouvrez ce coffre à l'instant, ou nous allons l'enfoncer. » Enfin le coffre est ouvert, les ornements enlevés, et le malheureux est trouvé au fond et livré à ses ennemis. La joie féroce de la foule éclata par des hurlements ; et prolongeant à plaisir le supplice de cet infortuné, elle l'accabla d'outrages, le mutila, puis enfin le lia mourant à une colonne et le lapida.

Cette année-là (547) l'hiver fut extraordinairement rigoureux. Les rivières, durcies par la gelée, offraient des routes aussi solides que la terre ferme. Les oiseaux, pressés par le froid et par la faim, se laissaient prendre à la main, et sans qu'il fût besoin de leur tendre aucun piége.

En ce même temps, mourut aussi à Tours la reine Clotilde, pleine de jours et distinguée par ses bonnes œuvres. Un clergé nombreux accompagna son convoi jusqu'à Paris, où elle fut enterrée dans l'église de Saint-Pierre, à côté du roi son mari, par les soins des rois Childebert et Clotaire, ses fils. C'est elle qui avait fait construire cette église où était aussi enterrée sainte Geneviève.

FIN DU DEUXIÈME CHAPITRE.

CHAPITRE III.

Le roi Clotaire eut de différentes femmes sept
fils, Charibert, Gonthaire, Chramn, Childéric,
Gunthramn, ou Gontran, Chilpéric et Sigebert, et une fille nommée Clotsinde. Gonthaire,
Chramn et Childéric moururent du vivant de
leur père. Nous raconterons bientôt les circonstances de la mort de Chramn. Clotsinde épousa
Alboin, roi des Lombards.

Théodebald n'avait que treize ans quand il succéda à son père Théodebert. Parvenu à l'âge de se marier, il épousa Vultrade. Il était, dit-on, d'une humeur fâcheuse et méchante. Un jour, irrité contre un homme qu'il soupçonnait d'avoir commis quelques déprédations, il lui raconta cette fable : « Un serpent s'était introduit dans une bouteille pleine de vin; il en prit si abondamment qu'il enfla, au point qu'il lui fut impossible de sortir par l'ouverture. Le maître vint, qui lui dit, en voyant ses efforts infructueux : Commence par rendre ce que tu as pris, et tu pourras sortir ensuite. » Cet apologue n'eut d'autre effet que d'exciter la crainte, et la haine de celui à qui il fut raconté.

Sous son règne, Buccelin, l'un des lieutenants de Théodebert, fut défait et tué par Narsès; l'Italie retourna au pouvoir de l'empereur, et elle y est restée depuis jusqu'à nos jours.

Cependant Théodebald était attaqué d'une maladie incurable; son corps était paralysé de la ceinture en bas. S'affaiblissant peu à peu, il mourut la septième année de son règne. Son oncle Clotaire s'empara aussitôt de son royaume, et épousa sa veuve Vultrade. Mais il fut vivement réprimandé par les prêtres; alors il quitta Vultrade, et la donna en mariage à un chef nommé Garivald. Il envoya ensuite son fils Chramn en Auvergne.

Cette année, les Saxons se révoltèrent, Clo--

CHAPITRE III.

.

SOMMAIRE.

Enfants du roi Clotaire. — Mort de Théodebald. — Clotaire
s'empare de son royaume. — Révolte des Saxons. — Mauvaise conduite de Chramn en Auvergne. — Nouvelle révolte des Saxons. — Chramn se révolte contre son père.
— Il s'empare de Châlons, et vient à Dijon. — Il s'allie à
Childebert son oncle, pour faire la guerre à son père. —
Mort de Childebert. — Chramn se réconcilie avec son père.
— Il se prépare à une seconde révolte. — Son projet est
découvert. — Il se retire en Bretagne. — Clotaire marche
contre lui. — Défaite de l'armée bretonne. — Mort de
Chramn. — Voyage de Clotaire à Tours. — Sa maladie ; sa
mort. — Nouveau partage du royaume entre les quatre fils
de Clotaire. — Attaque des Huns repoussée par Sigebert.
— Sigebert épouse Brunehault, fille du roi des Visigoths.
— Chilpéric épouse Galswinthe, sœur de Brunehault. — Il
la fait assassiner pour épouser Frédégonde. — Les Huns,
ou Avares, attaquent les Gaules. — Expédition de Sigebert.
— Peste en Auvergne. — Expédition des Lombards en Ita-
lie et dans les Gaules. — Guerre civile entre les rois francs.
— Gontran s'allie alternativement avec Chilpéric et avec
Sigebert. — Défaite et mort de Théodebert. — Succès de
Sigebert. — Il est assassiné par deux pages de Frédégonde.

Le roi Clotaire eut de différentes femmes sept
fils, Charibert, Gonthaire, Chramn, Childéric,
Gunthramn, ou Gontran, Chilpéric et Sigebert, et une fille nommée Clotsinde. Gonthaire,
Chramn et Childéric moururent du vivant de
leur père. Nous raconterons bientôt les circonstances de la mort de Chramn. Clotsinde épousa
Alboin, roi des Lombards.

Théodebald n'avait que treize ans quand il succéda à son père Théodebert. Parvenu à l'âge de se marier, il épousa Vultrade. Il était, dit-on, d'une humeur fâcheuse et méchante. Un jour, irrité contre un homme qu'il soupçonnait d'avoir commis quelques déprédations, il lui raconta cette fable : « Un serpent s'était introduit dans une bouteille pleine de vin; il en prit si abondamment qu'il enfla, au point qu'il lui fut impossible de sortir par l'ouverture. Le maître vint, qui lui dit, en voyant ses efforts infructueux : Commence par rendre ce que tu as pris, et tu pourras sortir ensuite. » Cet apologue n'eut d'autre effet que d'exciter la crainte, et la haine de celui à qui il fut raconté.

Sous son règne, Buccelin, l'un des lieutenants de Théodebert, fut défait et tué par Narsès; l'Italie retourna au pouvoir de l'empereur, et elle y est restée depuis jusqu'à nos jours.

Cependant Théodebald était attaqué d'une maladie incurable; son corps était paralysé de la ceinture en bas. S'affaiblissant peu à peu, il mourut la septième année de son règne. Son oncle Clotaire s'empara aussitôt de son royaume, et épousa sa veuve Vultrade. Mais il fut vivement réprimandé par les prêtres; alors il quitta Vultrade, et la donna en mariage à un chef nommé Garivald. Il envoya ensuite son fils Chramn en Auvergne.

Cette année, les Saxons se révoltèrent, Clo-

taire marcha contre eux avec une armée, les défit
complétement, et vint ensuite châtier les Thuringiens parce qu'ils avaient secouru les Saxons.

Chramn avait été envoyé en Auvergne où il
faisait sa résidence. Mais ses violentes passions et
ses infâmes débordements lui attirèrent bientôt
les malédictions du peuple, et sans doute aussi
la colère de Dieu, qui l'enleva promptement de ce
monde. Il ne s'attachait aucun homme capable de
lui donner un bon et utile conseil. Ses confidents
et ses favoris étaient des jeunes gens frivoles et
débauchés, qui l'entraînaient dans toutes sortes
de désordres. Firmin, qui était comte de Clermont, fut dépouillé outrageusement de son titre,
qui fut conféré à Saluste, fils d'Evodius. Firmin
se sauva dans l'église avec Césaria sa belle-mère;
mais Chramn ne respecta point cet asile, les en
fit arracher, et les condamna à l'exil; ils parvinrent à se dérober à leurs gardes, et échappèrent
ainsi à l'exil; mais Chramn confisqua leurs biens.

Peu de temps après la mort de Théodebald,
Clotaire parcourait la partie de la France qui
venait de lui échoir, lorsqu'il apprit que les Saxons s'étaient de nouveau révoltés et refusaient
de payer le tribut qu'ils devaient annuellement.
Il marcha aussitôt contre eux. Quand il fut arrivé sur leurs frontières, les Saxons, effrayés, lui
envoyèrent des députés qui lui dirent »: Ne crois
point que nous t'ayons en mépris, ou que nous

prétendions te refuser le tribut. Nous te le paierons comme nous l'avons payé à ton frère et à ton neveu; mais garde la paix, et ne force pas notre peuple à en venir aux mains avec toi. » Clotaire, apaisé par ces paroles, dit aux siens : « Ils parlent avec sagesse, n'allons pas contre eux, de peur d'offenser Dieu. Les Francs murmurèrent, les traitant de fourbes, et leur reprochant de violer toutes leurs promesses. Les Saxons, de plus en plus effrayés, revinrent de nouveau, et offrirent la moitié de leurs richesses. Malgré le désir, et les prières du roi, son armée refusa d'entendre aucune proposition. Une troisième fois ils revinrent encore, en offrant leurs vêtements, leurs troupeaux, tout ce qu'ils possédaient : « Emportez tout cela, dirent-ils, et prenez encore la moitié de notre territoire ; laissez-nous seulement nos femmes et nos enfants, et qu'il n'y ait pas de guerre entre nous. »

Les Francs ne furent point apaisés par tant de soumission. Clotaire leur dit : « Quittez, je vous en prie, quittez cette funeste résolution. Nous n'avons plus de motifs d'entreprendre une guerre qui ne peut que nous être fatale; si vous persistez, je vous déclare que je ne vous accompagnerai pas, à moins d'y être forcé. » Aussitôt il s'élève dans le camp une effroyable sédition. Les Francs se précipitent sur Clotaire, mettent sa tente en lambeaux; l'accablent de reproches et d'outrages, et l'entraînant par force ils menacent de le tuer s'il ne veut à l'instant même les conduire à l'ennemi. Clotaire, alors contraint de les suivre, marche malgré lui au combat. Cependant les Francs éprouvent une résistance inattendue ; car les Saxons se battant en désespérés firent un grand carnage de leurs adversaires. Du reste, l'acharnement fut égal de part et d'autre, et il serait difficile d'évaluer le nombre des morts de chaque armée. Clotaire fut réduit à la honte de demander la paix, tandis qu'il pouvait l'imposer avant le combat ; sa seule consolation était de pouvoir dire qu'il n'avait attaqué les Saxons que malgré lui. La paix conclue, il revint dans ses états.

Tandis que Clotaire était occupé de sa malheureuse expédition contre les Saxons, Chramn continuait à exercer ses vexations sur les habitants de l'Auvergne. Il fut atteint vers ce temps-là d'une maladie fort grave qui lui fit tomber les cheveux. Il avait alors auprès de lui un personnage recommandable, et d'une éminente vertu. C'était un citoyen de Clermont, nommé Ascovinde, qui cherchait par tous les moyens possibles à arracher Chramn à ses mauvais penchants. Vains efforts ! Un autre conseiller, nommé Léon, natif de Poitiers, homme impie et cruel, avait toute sa confiance, et l'entraînait sans peine à commettre le mal.

Chramn quitta Clermont, et transporta sa résidence à Poitiers, où il vécut quelque temps avec beaucoup de magnificence. Entraîné par de mauvais conseils, il voulut se liguer avec son oncle Childebert, pour attenter à l'autorité de son père. Childebert, qui aurait dû blâmer de pareils projets, les encouragea au contraire. Alors une correspondance secrète s'établit entre eux, et ils convinrent de tous les moyens qu'ils emploieraient pour exécuter leur conjuration. Childebert oubliait alors que toutes les fois qu'il avait formé quelque entreprise contre son frère, il avait toujours honteusement échoué.

Après cette alliance faite avec son oncle, Chramn, de Poitiers, se rend à Limoges et soumet à sa domination tout ce pays qui apparténait à son père. Clotaire envoya contre lui deux autres de ses fils, Charibert et Gontran. Ceux-ci apprirent en passant à Clermont que Chramn était du côté de Limoges ; ils marchèrent aussitôt à sa rencontre, et le joignirent au pied de la Montagne-Noire, dans le Limousin. Ils dressent leur camp en face du sien, et pour éviter, s'il était possible, d'en venir aux mains avec lui, ils l'envoient sommer de rendre tous les pays dont il s'était emparé, sinon qu'il se préparât au combat. Il répondit «qu'il n'entendait point méconnaître l'autorité de son père ; qu'il lui était impossible d'abandonner ce qu'il occupait; mais qu'il le voulait posséder avec le consentement de son père. »

On se prépara à combattre, et les deux armées sorties déjà de leurs camps prenaient à l'envi les postes qui leur étaient assignés. Mais en ce moment une tempête horrible éclata, qui répandit d'une et d'autre part une égale crainte, et empêcha de commencer l'attaque. Chramn regagna son camp, et les hostilités furent ainsi suspendues.

Chramn imagina une ruse pour éloigner ses frères. Il envoya dans leur camp un étranger qui apportait la nouvelle de la mort de leur père. C'était dans ce temps-là effectivement que Clotaire faisait aux Saxons cette guerre malheureuse, comme nous l'avons dit plus haut. Charibert et Gontran, effrayés, levèrent leur camp à la hâte, et se retirèrent précipitamment en Bourgogne. Chramn suivit leur mouvement avec son armée, marcha sur Châlons, en fit le siége, et le prit. De là, il vint jusqu'au château de Dijon. Il fut reçu dans la cathédrale par l'évêque Tétrines, qui voulut, selon la superstition de ce temps, consulter le sort des saints. Les prêtres apportèrent sur l'autel les livres des Prophètes , des Apôtres et des Évangiles. Quand on eut ouvert le premier, on y lut ces mots : « J'arracherai ma vigne , et elle sera dans la désolation, parce qu'au lieu de raisin elle n'a produit que des fruits sauvages.» * Quand on ouvrit le second, on trouva

---

* Isaïe, chap. 5 , v. 4 et 5.

ceci : « Ils diront : Nous voici en paix et en sûreté. Mais au même instant, ils seront surpris
d'une ruine imprévue, sans qu'il leur reste aucun moyen de se préserver. » * On ouvrit enfin
l'Évangile, et voici quelle réponse on y recueillit : « Celui qui n'écoute pas mes paroles est
semblable à un insensé qui a bâti sa maison sur
le sable. La pluie est arrivée, les fleuves se sont
débordés, les vents ont soufflé, et sont venus
fondre sur cette maison ; elle a été renversée et
la ruine a été grande. » ** Les portes de la forteresse lui furent fermées, et il ne put y pénétrer.

A cette époque Clotaire était engagé, comme
nous l'avons dit, dans la guerre contre les Saxons.
C'était, ainsi qu'on l'apprit des Saxons eux-mêmes, à l'instigation et aux manœuvres de Childebert, qu'ils avaient pris les armes contre les
Francs.

Chramn, après avoir épousé la fille de Williachaire, puissant seigneur d'Aquitaine, vint à
Paris, afin de renouveler son alliance avec Childebert; il jura même à son oncle qu'il serait
l'ennemi le plus acharné de son père. Alors le
roi Childebert, profitant de l'occupation que
donnaient les Saxons à Clotaire, pour attaquer
les états de son frère, entra dans la Champagne
Rémoise, et la ravagea en incendiant tout le pays

* Première épître de saint Paul aux Thessaloniciens, chap.
5, v. 2, 3.
** Évangile saint Matthieu, chap. 7, v. 26, 27.

jusqu'à Reims. Le bruit de la défaite et de la mort de son frère lui avait fait naître l'espoir de s'emparer de tout son royaume.

De retour de cette expédition, Childebert tomba malade, et après avoir langui longtemps, il mourut à Paris (en 558). Il fut enseveli dans la basilique de Saint-Vincent (aujourd'hui Saint-Germain-des-Prés) qu'il avait fondée. Son royaume et ses trésors passèrent entre les mains de Clotaire qui réunit ainsi tous les Francs sous une seule domination. Ultrogote, veuve de Childebert, et ses deux filles furent envoyées en exil.

Chramn se présenta à son père, et ils se réconcilièrent; mais il ne tarda pas à préparer une seconde révolte. Ses desseins ayant été découverts, il se retira en Bretagne, accompagné de sa femme et de ses enfants, et alla demander un asile à Conobre, comte de Bretagne. Williachaire, son beau-père, prit aussi la fuite et se réfugia dans la basilique de Saint-Martin. On dit qu'il y mit le feu, peut-être pour se dérober plus facilement à ceux qui le poursuivaient.

Clotaire, irrité, marcha bientôt contre la Bretagne avec son armée. Chramn ne craignit pas d'aller à sa rencontre avec l'armée des Bretons. Ils se joignirent dans une plaine, et l'action commença; mais la nuit qui survint suspendit les hostilités. Pendant cet instant de repos, Conobre alla trouver Chramn et lui dit : « Ce n'est pas une chose que je te crois permise de sortir du camp pour attaquer ton père. Demeure donc, et consens que cette nuit même, je tente de le prévenir et de l'accabler. » Chramn rejeta ce conseil.

Le jour venu, les armées étaient déjà en présence ; Clotaire étendant ses mains vers le ciel : « Jette les yeux sur nous, Dieu puissant, s'écrie-t-il ; vois que je souffre injustement par la trahison de mon fils ; juge entre nous, et prononce l'arrêt que tu prononças autrefois entre Absalon et David. »

On en vint aux mains. Le combat fut long ; mais enfin les Bretons cédèrent, et le comte Conobre fut tué. Alors Chramn prit de nouveau la fuite. Il avait des vaisseaux préparés sur mer ; mais en voulant mettre en sûreté sa femme et ses filles, il fut atteint par les soldats de son père, arrêté et chargé de liens. Lorsqu'on vint porter cette nouvelle au roi Clotaire, celui-ci ordonna qu'il fût brûlé par le feu avec sa femme et ses filles. Ainsi donc on les enferma dans la chaumière d'une pauvre femme ; Chramn fut lié sur un banc, et étranglé avec un mouchoir ; puis on mit le feu à la maison, dans laquelle ils furent tous brûlés.

Le roi Clotaire, parvenu à la cinquante-unième année de son règne, se rendit avec de grands présents à l'église de Saint-Martin. Arrivé à Tours, auprès du tombeau de ce saint évêque, il confessa toutes les actions que sa conscience lui reprochait ; et priant avec de grands gémissements, il demanda au saint confesseur d'obtenir la miséricorde du Seigneur pour ses fautes, et d'effacer par son intervention tout ce qu'il avait pu commettre de mal. *

Lorsqu'il fut de retour, un jour qu'il chassait dans la forêt de Cuise, il fut surpris de la fièvre, et il revint à son palais de Compiègne. Comme il était cruellement tourmenté de la fièvre, il s'écria : « Uwa! Uwa! ** Qu'en pensez-vous, quelle doit être la puissance de ce roi des cieux qui abat ainsi les grands rois de la terre? » Ainsi en mourant, il ne mesurait encore la grandeur de Dieu qu'à la sienne. Il expira au milieu de ces souffrances. Ses quatre fils le portèrent avec beaucoup d'honneur à Soissons, et l'ensevelirent dans la basilique de Saint-Médard. Il mourut un jour après celui qui complétait l'année depuis que son fils Chramn avait été mis à mort.

Les funérailles de Clotaire étaient à peine terminées, que Chilpéric, le troisième de ses fils, s'empara des trésors de son père réunis au palais de Braine. Aussitôt il distribua ces richesses en présents aux Francs les plus braves, et les gagna à sa cause. Avec eux il marcha vers Paris,

---

* Réparation imparfaite comme toutes celles qu'essaient les hommes, mais salutaire pourtant par les erreurs qu'elle prévenait. Le crime au moins restait crime, et les exemples du prince cessaient d'en faire douter. (Le comte de Peyronnet, Histoire des Francs.)

** Exclamation de surprise et d'étonnement. C'est le mot *ouais*, que l'on retrouve dans Molière, et qui est encore en usage dans quelques provinces.

et s'y établit dans le château qu'avait habité le roi Childebert; mais on ne lui permit pas long-temps d'y rester; en effet, ses frères se réunirent tous trois contre lui, le contraignirent à diviser l'empire en quatre parts, et à les tirer au sort.

Le sort donna à Charibert le royaume de son oncle Childebert, dont la capitale était Paris; à Gontran, celui de Clodomer, capitale Orléans; à Chilpéric, le royaume de son père Clotaire, capitale Soissons, et à Sigebert, le royaume de Reims qui avait appartenu à son oncle Thierry.

Après la mort de Clotaire, les Huns attaquèrent la Gaule. Sigebert marcha contre eux et les défit. Mais ensuite il consentit à faire alliance avec leur roi. Chilpéric, roi de Soissons, profita de l'absence de son frère pour lui enlever Reims et d'autres villes de ses états. Une guerre civile s'éleva alors entre eux, mais elle fut promptement terminée à l'avantage de Sigebert.

Gontran, roi d'Orléans, eut un fils nommé Gondebaud, d'une esclave qu'il avait prise pour concubine. Il contracta ensuite plusieurs autres mariages avec des personnes d'un rang inférieur.

Charibert poussa encore plus loin l'inconvenance, en allant chercher ses épouses dans les derniers rangs de la société; il fit plus, il épousa la sœur d'une de ses femmes, qui était religieuse.

4

Pour cette cause tous deux furent excommuniés par saint Germain, évêque de Paris. Quelque temps après l'un et l'autre moururent.

Sigebert, voyant ses frères contracter des mariages indignes d'eux, et s'avilir même jusqu'à épouser des filles du peuple ou des esclaves, résolut de ne point les imiter. Il envoya en Espagne une députation chargée de riches présents, pour demander Brunehault, fille d'Athanagilde, roi des Visigoths. C'était une jeune fille élégante dans ses manières, belle de visage, honnête et décente dans ses mœurs, douée de prudence dans les conseils, et agréable dans la conversation. Son père ne la refusa point; il l'envoya au roi Sigebert avec des trésors considérables. Celui-ci, ayant rassemblé auprès de lui les seigneurs de son royaume, et préparé des festins et des fêtes, la reçut pour femme avec une joie et une allégresse infinies. Elle était alors soumise à la loi des Ariens; mais, par la prédication des prêtres et les exhortations du roi lui-même, elle s'est convertie, et elle persévère jusqu'à ce jour dans la foi catholique du Christ. *

Le roi Chilpéric, apprenant le mariage de Sigebert, eut honte de ne s'être associé, comme ses autres frères, qu'à des femmes d'un rang inférieur. Quoiqu'il eût déjà plusieurs femmes, il fit demander Galswinthe, sœur aînée de Brune-

---

* Grégoire de Tours mourut longtemps avant Brunehault.

bault, promettant par ses députés qu'il laisserait toutes les autres dès qu'il aurait obtenu une compagne fille de roi et digne de lui. Athanagilde, ayant reçu ces promesses, lui envoya en effet sa fille avec de grandes richesses, comme il avait envoyé l'autre. A l'arrivée de Galswinthe, elle fut reçue avec de grands honneurs; elle lui fut associée en mariage, et il l'aima avec d'autant plus de tendresse, qu'elle lui avait apporté de grands trésors.

Mais bientôt son amour pour Frédégonde, qu'il avait eue auparavant pour concubine, excita entre elles un grand scandale. Déjà Galswinthe était convertie à la foi catholique, et avait reçu le saint chrême, lorsqu'elle se plaignit au roi des injures journalières qu'elle recevait, déclarant qu'on ne lui montrait aucun respect; elle demanda donc à retourner dans sa patrie, en abandonnant tous les trésors qu'elle avait apportés. Chilpéric essaya d'abord de dissimuler avec elle, et de l'apaiser, en lui parlant avec douceur; mais ensuite il la fit étrangler par un de ses pages, en sorte qu'on la trouva morte dans son lit. Après avoir feint de pleurer sa mort, Chilpéric, au bout de peu de jours, épousa Frédégonde. Ses frères, jugeant alors que c'était par l'instigation de cette femme qu'il avait fait périr Galswinthe, déclarèrent Chilpéric déchu du trône. * Il avait alors trois fils de la première

---

* Cette détermination occasionna une guerre qui s'apaisa par l'intervention de Gontran.

de ses femmes, nommée Audovère; c'étaient Théodebert, Mérovée et Clovis. Mais poursuivons notre récit.

Les Huns * menaçaient de nouveau les Gaules; Sigebert marcha contre eux avec une armée où se trouvait un grand nombre de ses plus braves guerriers. Au moment d'en venir aux mains, ces païens instruits dans la magie, présentèrent aux Francs différentes apparitions fantastiques qui les remplirent de terreur; ce qui fit remporter aux Huns une victoire complète. Pendant que l'armée de Sigebert prenait la fuite, lui seul essayait de résister; enfin, enveloppé par l'armée ennemie, il fut obligé de se rendre. Mais la noblesse de sa conduite et son habileté, surent lui faire remporter une victoire que le sort des armes lui avait refusée. Il fit des présents au roi, et conclut avec lui un traité par lequel ils s'engageaient mutuellement à ne pas se faire la guerre pendant toute leur vie. De son côté le roi des Huns combla Sigebert de présents, et le renvoya libre. Ce roi des Huns se nommait Chagan (Khan), nom commun à tous les rois de cette nation.

Sigebert de retour dans ses états, mécontent du partage qui s'était fait de la succession de

---

* Grégoire de Tours donne ce nom aux Avares, ou plutôt aux Ogors venus du fond de l'Asie, sous l'empereur Justinien, et qui, de la Pannonie, cherchèrent à pénétrer dans les Gaules.

son frère Charibert, voulut joindre à son lot la ville d'Arles qui appartenait à Gontran. Ses lieutenants y entrèrent en effet par surprise ; mais le patrice de Bourgogne, Celsus, s'empara d'Avignon, qui appartenait à Sigebert, et, après avoir livré une bataille à ceux qui avaient pris Arles, il les défit complétement, et recouvra cette ville. Gontran termina promptement cette courte guerre en rendant à son frère Avignon qu'il lui avait enlevé.

Peu de temps après il survint en Auvergne une peste terrible, qui fit de tels ravages qu'il est impossible de dire le nombre des personnes qui en furent victimes. Les cercueils ne pouvaient suffire, et l'on jetait dix morts dans la même fosse. On compta un dimanche seulement, dans la basilique de Clermont, trois cents cadavres qui attendaient la sépulture. La mort frappait avec une rapidité effrayante. Une tumeur, ou charbon, tel que l'aurait causé la morsure d'un serpent, se formait à l'aîne ou aux aisselles ; l'effet de ce venin était si rapide, que tous ceux qui en étaient atteints expiraient dès le second ou le troisième jour. Tout le temps que durait cette maladie, ceux qu'elle attaquait semblaient avoir perdu le sens. Dans le même temps Lyon, Bourges, Châlons-sur-Saône et Dijon furent également maltraités par ce fléau.

Alboin, roi des Lombards, qui avait épousé

Clotsinde, fille de Clotaire, quitta son pays, et
envahit l'Italie avec quatre mille hommes, suivis
de leurs femmes et de leurs enfants, car ils avaient
intention de se fixer dans ce pays. Pendant sept
ans ils parcoururent toute la contrée, pillant les
églises, égorgeant les prêtres, et commettant
toutes sortes d'excès. Après la mort de Clotsinde, Alboin épousa une femme dont il avait tué
le père. Celle-ci, pour venger la mort de son
père, fit périr Alboin. Les Lombards choisirent
un autre roi, nommé Cliphès. Après la mort
d'Alboin, les Lombards firent une irruption dans
les Gaules ; Amé, successeur de Celsus, patrice
de Bourgogne, s'avança contre eux ; mais il fut
vaincu, et les Lombards firent un effroyable massacre des Bourguignons. Après cette victoire ils regagnèrent l'Italie, chargés de butin.
Après leur départ Gontran éleva au patriciat
Ennius, plus connu sous le nom de Mummolus.
C'était un homme de peu de droiture, qui avait
trahi même son père, et ne s'était élevé qu'en
le supplantant ; mais il était habile et heureux.
Mummolus, rassemblant une nouvelle armée de
Bourguignons, s'avança jusqu'auprès d'Embrun,
et joignit, dans un lieu appelé Mouche-Calme,
les Lombards qui rentraient de nouveau dans les
Gaules. Il avait fait faire des abattis d'arbres qui
arrêtèrent leur marche, puis tournant les ennemis avec son armée, il les enveloppa, tomba sur
eux, en tua la plus grande partie, et en envoya

plusieurs autres prisonniers à son roi, qui les dispersa en divers endroits, avec ordre de les garder. A peine si la fuite en sauva quelques-uns, pour porter dans leur pays la nouvelle de ce désastre.

A leur tour vinrent les Saxons que les Lombards avaient auparavant appelés en Italie. Ils voulurent aussi de leur côté faire une irruption dans les Gaules. Ils s'avancèrent jusqu'au territoire de Riez, et établirent leur camp à Establou. De là ils se mirent à parcourir les campagnes des villes voisines, pillant, ravageant, ne respectant rien. Mais Mummolus, qui veillait sur leurs mouvements, s'avance avec son armée. Les Saxons, qui ne l'attendaient guère, n'avaient pris aucune précaution pour se garder, quand tout à coup l'armée des Bourguignons fond sur eux, en taille en pièces plusieurs milliers, et ne cesse le carnage que lorsque la nuit vient l'y contraindre. Le lendemain matin, les Saxons que leur défaite n'avait point découragés, se préparaient de nouveau au combat ; mais des négociateurs s'interposèrent entre les combattants, et parvinrent à rétablir la paix. Ils firent des présents à Mummolus, rendirent leur butin et délivrèrent les captifs ; on leur permit alors de se retirer, après toutefois qu'ils eurent promis par serment de retourner sous la domination des rois Francs. Ils retournèrent donc en Italie pour chercher leurs femmes, leurs enfants, et empor-

tèrent tout ce qu'ils possédaient. L'année suivante ils vinrent par les Alpes, en Provence,
traversèrent toute la Gaule, et regagnèrent leurs
demeures en Germanie. Mais dans sa marche
cette armée de barbares fit souvent regretter
aux Gaulois l'hospitalité qu'ils étaient contraints
de lui donner. Ils en auraient encore bien plus
souffert sans la fermeté et l'énergie de Mummolus
qui arrêta leurs déprédations.

La guerre des Saxons terminée, les Lombards
revinrent encore dans les Gaules, sous la conduite de trois chefs, Amon, Zaban, et Rhodan.
Ils envahirent la Provence; et tous les pays à la
gauche du Rhône, depuis Grenoble jusqu'à Marseille, furent cruellement ravagés par eux. Mais
le patrice Mummolus, qui à plusieurs reprises
avait vaincu leurs compatriotes ou leurs alliés,
attaqua successivement leurs trois trois corps
d'armée, qui s'étaient imprudemment éloignés
à de très-grandes distances, les battit, et leur
fit passer pour jamais l'envie de rentrer dans les
Gaules.

Pendant la guerre d'Arles entre Sigebert et
Gontran, Chilpéric croyant l'occasion favorable
de se dédommager des pertes que lui avait fait
éprouver Sigebert pour venger la mort de sa
belle-sœur Galswinthe, avait formé une armée
dont il avait remis le commandement à son fils
Clovis, le plus jeune de ceux que lui avait donnés

Audovère. Clovis s'empara sans difficulté de la Touraine et du Poitou, qui faisaient partie des états de Sigebert. Gontran, remis alors en bonne intelligence avec son frère Sigebert, lui donna des troupes pour les joindre à celles qu'il envoyait contre Clovis, et ils convinrent d'en remettre le commandement général à Mummolus.

Mummolus arriva à Tours, mit en fuite l'armée de Chilpéric, fit renouveler aux habitants leur ancien serment au roi Sigebert, et marcha sur Poitiers. Deux habitants de cette ville, Basile et Sigaire, réunirent le peuple, et lui inspirèrent la résolution de se défendre. Mummolus enveloppa la place, l'assaillit, la força, et fit ensuite prêter serment aux habitants.

Clovis chassé des contrées qu'il avait envahies, se retira à Bordeaux. Il resta quelque temps dans cette ville sans être inquiété ; mais bientôt Sigulf, l'un des officiers de Sigebert, le vint attaquer, le força de reprendre la fuite, et le poursuivit avec des cors et des trompettes, comme des chasseurs poursuivent un cerf aux abois. Ce fut à peine si ce malheureux prince put échapper. Enfin il se jeta dans l'Anjou, et par ce détour il arriva jusqu'à Chilpéric.

Une discussion s'étant élevée entre Gontran et Sigebert (au sujet d'un évêché que Sigebert voulait ériger à Châteaudun qui dépendait de son royaume, quant au temporel, mais quant au spirituel du diocèse de Chartres appartenant à

Gontran,) on tint un concile à Paris pour juger ce différend. Mais les évêques assemblés ne purent faire écouter leur voix, et leur décision ne put triompher de la fureur criminelle des guerres civiles.

Childebert, irrité plus que jamais, saisit cette circonstance pour réparer l'échec qu'avait essuyé Clovis. Il chargea Théodebert son fils aîné de commander une nouvelle expédition. Théodebert, autrefois prisonnier de Sigebert, en avait obtenu la liberté en lui jurant de ne jamais porter les armes contre lui. Oubliant ses serments, il s'empare de Tours et des autres villes situées au-delà de la Loire. Arrivé à Poitiers, il y rencontre le duc Gondebaut qui voulut résister; mais son armée fut vaincue, et Théodebert en fit un grand carnage. Il brûla une partie de la Touraine, et, si les habitants ne se fussent soumis pour un temps, il aurait tout détruit.

Le jeune prince marcha rapidement sur Limoges, et de là sur Cahors; tout le pays qu'il parcourut fut ravagé et bouleversé. Les églises furent livrées aux flammes; les monastères renversés; les saintes filles outragées; les clercs mis à mort. Ce fut comme une nouvelle persécution, et il y eut en ce temps dans l'Église un plus grand gémissement qu'au temps de la persécution de Dioclétien.

Tandis que ces choses se passaient, Sigebert, saisi d'indignation, leva une armée chez les peuples qui habitent au-delà du Rhin, et se disposa à marcher contre son frère Chilpéric. A cette nouvelle, Chilpéric envoya une députation à son frère Gontran, lui faisant entendre que cette armée de barbares les menaçait tous deux. Ils firent en conséquence un traité par lequel ils promettaient de se secourir mutuellement. Quand Sigebert arriva aves ses étrangers, il trouva tous les passages de la Seine gardés par l'armée de Chilpéric; alors il s'adressa à Gontran, et lui fit dire que, s'il ne lui livrait passage de son côté, il allait l'attaquer avec toute son armée. Gontran effrayé de cette menace, rentra dans le parti de Sigebert, et lui laissa le passage libre. Chilpéric, apprenant que Gontran abandonnait son alliance pour celle de son frère, leva son camp et se retira jusqu'à Albuye, sur le territoire de Chartres. Sigebert l'y poursuivit, et se préparait à lui livrer bataille; mais craignant, s'il perdait cette bataille, de perdre aussi son royaume, il demanda la paix. Il l'obtint, mais à condition qu'il rendrait toutes les villes dont son fils Théodebert s'était emparé.

Cependant les étrangers de l'armée de Sigebert avaient incendié la plupart des villages des environs de Paris, pillé les maisons et emmené des captifs. Sigebert avait voulu s'opposer à ces déprédations; mais il ne pouvait maîtriser la fureur de ces barbares; il patientait jusqu'à ce qu'il pût les ramener dans leur patrie. L'audace de ces païens alla même jusqu'à murmurer quand ils virent que la paix, qui venait d'être conclue, leur enlevait les bénéfices que leur promettait la continuation de la guerre. Quelques-uns d'entr'eux joignirent les menaces aux murmures. Alors on vit ce roi intrépide monter à cheval, s'avancer résolument vers les séditieux et les calmer par un langage imposant à la fois et conciliant. Puis faisant saisir les plus mutins il les condamna à être lapidés, ce qui fut exécuté sur-le-champ.

Cette paix obtenue sans combat ne mit pas fin malheureusement à la guerre civile, et je suis encore forcé de continuer un récit qui remplit mon âme de douleur.

Dès l'année suivante Chilpéric chercha à se rallier de nouveau avec Gontran, contre leur frère qu'il appelait leur ennemi commun. Il y réussit sans peine. Ils eurent ensemble une entrevue, se firent mutuellement des présents, et Chilpéric entrant aussitôt en campagne s'avança jusqu'à Reims, brûlant et ravageant tout sur son passage. Aussitôt Sigebert rappelle ses troupes de la rive droite du Rhin, qui l'avaient suivi dans la guerre précédente, et d'une marche rapide il se porte sur Paris. Tandis qu'il se dispose à marcher à la rencontre de son frère, il envoie à Tours et à Châteaudun des hommes de confiance pour solliciter le peuple à prendre les armes et à repousser Théodebert; mais la terreur que ce prince inspirait refroidissait leur obéissance. Alors Sigebert leur donna deux chefs renommés : Godégisile et Gontran. Ceux-ci eurent bientôt une armée; pleins de confiance et d'ardeur, ils marchèrent alors contre Théodebert. Mais ce prince, abandonné de ses soldats, n'avait plus avec lui que quelques guerriers fidèles, avec lesquels ils n'hésita pas d'engager le combat. Dès le commencement sa petite troupe succomba, et lui-même fut tué sur le champ de bataille. Un bon serviteur, nommé Arnulphe, trouva le corps de son maître sans vie, dépouillé et sanglant. Il l'emporta, le lava, le revêtit d'habillements convenables, et l'ensevelit à Angoulême.

La défaite de Théodebert eut pour premier effet de détacher encore une fois Gontran du parti de Chilpéric, et de le rallier à Sigebert. Cette défection, jointe à la perte de son fils et de son armée, priva Chilpéric de sa dernière espérance, et il n'eut d'autre ressource que de se retirer à Tournai avec sa femme et ses enfants.

Sigebert s'empara des villes situées au-delà de Paris; Rouen, qu'il alla attaquer lui-même, ne résista point. Il avait eu d'abord intention de livrer ces villes au pillage de ses soldats d'outre Rhin; mais les Francs l'en détournèrent. Il revint alors à Paris, où il fut rejoint par Brunehault et ses enfants. Tandis qu'il était dans cette ville,

les Francs qui avaient dépendu de l'ancien royaume de Childebert 1ᵉʳ, envoyèrent les principaux d'entre eux à Sigebert, lui demandant qu'il
allât vers eux, et lui promettant qu'ils abandon-
neraient le roi de Soissons pour le prendre pour
leur roi. Sigebert accepta leur hommage. En
même temps son armée se mettait en marche
pour aller investir Tournai; lui-même s'apprêtait
à la suivre, quand saint Germain, évêque de
Paris, alla le trouver et lui dit ces paroles d'une
voix triste et grave, qui semblaient marquer l'avenir : « Si tu vas, sans aucun dessein contre la
vie de ton frère, tu retourneras vivant et victorieux; si tu as d'autres pensées, tu mourras. Car
voici ce que dit le Seigneur par la bouche de
Salomon : *Celui qui aura creusé une fosse à son
frère, y tombera lui-même.* »

Ces paroles firent peu d'impression sur Sigebert. Il partit; arrivé à Vitry, dans le territoire
d'Arras, il y trouva rassemblée toute l'armée des
Francs de la dépendance de Chilpéric, qui l'élevèrent aussitôt sur le bouclier et le saluèrent roi.
Dans la foule se trouvaient deux pages envoyés
par Frédégonde, qui, après leur avoir fait boire
une liqueur enivrante, leur avait inspiré le dessein criminel qu'ils venaient exécuter. Leurs
mains étaient armées du terrible scramasax ou
long poignard des Francs. Ils se glissèrent vers
Sigebert, à travers la multitude, dont ils fei-
gnaient de partager l'enthousiasme; ils ne trou-

vèrent aucun obstacle à l'aborder, et au même instant ils le frappèrent de chaque côté dans le flanc. Le prince poussa un grand cri, tomba et expira presque aussitôt. Leur crime accompli, les deux pages voulaient s'enfuir, mais ils n'en eurent pas le temps, et furent massacrés. Seulement, en se défendant, ils tuèrent encore Charésille, chambellan du roi, et blessèrent un autre chambellan, nommé Sigila, Goth d'origine, qui était venu à la cour de Sigebert avec Brunehault. Ce même Sigila, tombé plus tard entre les mains de Chilpéric, fut condamné à un affreux supplice. On lui brûla les jointures avec des lames de fer incandescentes; on lui brisa et trancha les membres; on le fit expirer dans les plus horribles tourments.

Chilpéric attendait, dans de mortelles angoisses, l'issue du projet qu'avait conçu Frédégonde. Il ne savait encore s'il pouvait échapper au danger, ou s'il devait succomber, quand tout à coup des messagers arrivés du camp apaisèrent ses perplexités, en lui apprenant la mort de son frère. Il sortit alors sans obstacle de Tournai; il prit soin des funérailles de Sigebert; il le fit ensevelir d'abord précipitamment dans le bourg de Lambres, et peu après transférer dans l'église de Saint-Médard de Soissons, où il fut enterré auprès de son père Clotaire. Sigebert était mort (en 575) après quatorze ans de règne, et dans sa quarantième année.

FIN DU CHAPITRE III.

CHAPITRE IV.

SOMMAIRE.

L'auteur se plaint d'avoir à raconter encore les guerres civiles des rois francs. — Suites de l'assassinat de Sigebert. — Son fils Childebert II est enlevé de Paris et proclamé roi en Aus- trasie. — Mérovée, fils de Chilpéric, épouse Brunehault, veuve de son oncle Sigebert. — Mécontentement de Chilpé- ric. — Godin attaque Soissons. — Aventure de Rauchingue. — Gontran-Boson se réfugie à Tours dans l'église de Saint- Martin. — Rocolène est envoyé pour l'arracher de cet asile. — Sa mort. — Chilpéric veut faire ordonner prêtre son fils Mérovée. — Ce prince s'échappe et se retire dans la basili- que de Saint-Martin. — Son séjour dans cet asile. — Méro- vée consulte le *sort des saints.* — Il quitte Tours. — Il se retire en Champagne. — Il est tué par ordre de Fré- dégonde. — Troubles en Bretagne. — Gontran adopte son neveu Childebert II. — Procès de Prétextat, évêque de Rouen. — Mort d'un des fils de Chilpéric. — Expédition contre la Bretagne. — Recensement ordonné par Chilpéric. — Ravages commis par les Bretons. — Une femme à Paris est accusée d'adultère; suites de cette accusation. — Mala- die contagieuse. — Mort d'Austrégisilde, femme du roi Gontran — Frédégonde accuse Clovis d'avoir causé la mort de ses fils. — Il est assassiné par ses ordres. — Décret de Chilpéric sur la Trinité.

Qu'il est pénible pour moi d'avoir à raconter cette multitude de guerres civiles qui ont dé- chiré si longtemps la nation des Francs! Ne di- rait-on pas que nous sommes arrivés au temps prédit par le Seigneur : *Le père se lève contre le fils, le fils contre le père, le frère contre le frère, le parent contre son parent?* Plût à Dieu, ô rois, que vous eussiez exercé votre valeur dans dés guerres semblables à celles que faisaient vos ancêtres ! Les étrangers, effrayés de votre concorde, ne pourraient résister à vos forces réunies. Quand Clovis, votre aïeul, a fait la conquête de l'empire qu'il vous a laissé, il n'attaquait que des nations ennemies ; et, pour opérer de si grandes choses, il n'avait pas de trésors remplis d'or et d'argent comme le sont aujourd'hui les vôtres. On conçoit que, pour acquérir des richesses, et étendre son pouvoir, on s'engage dans des guerres même injustes. Mais vous, ô rois, que vous manque-t-il à présent ? Que voulez-vous ? Que cherchez-vous ? Vous avez de tout en abondance ; les délices inondent vos palais. Vos celliers, vos greniers regorgent de blé, de vin et d'huile. Des monceaux d'or et d'argent remplissent les coffres de votre épargne. Une seule chose vous manque, c'est la grâce de Dieu que vos discordes ont éloignée. Mais prenez-y garde, suivant la pensée de l'apôtre saint Paul, en vous déchirant les uns les autres, vous vous préparez la ruine à tous.

Tandis que Sigebert succombait à Vitry sous le fer des assassins, la reine Brunehault était restée à Paris avec ses enfants. En apprenant cette affreuse nouvelle, la douleur qui s'empara d'elle lui troubla en quelque sorte la raison, et la rendit incapable de prendre une résolution dans une telle extrémité. Les esprits avaient aussi changé avec sa fortune, et cette reine, naguère au faîte de la puissance, se trouva captive dans Paris avec ses deux filles, et son fils âgé de cinq ans. Cependant quelques serviteurs fidèles lui restaient encore; parmi eux était le duc Gondebaud qui avait combattu, sans succès, il est vrai, Théodebert à Poitiers.

Gondebaud médita et exécuta une résolution hardie. Il pénétra dans la prison où l'on tenait enfermé le jeune fils de Sigebert, et au milieu d'une nuit profonde, il l'enveloppa dans une corbeille, et le fit courageusement glisser le long du mur du donjon. Après l'avoir ainsi arraché à une mort certaine, il eut le bonheur de le transporter sain et sauf jusque dans le pays qui avait été soumis à la domination de son père. Les peuples le reconnurent pour leur roi, et il fut proclamé solennellement le jour de Noël 575, sous le nom de Childebert II. Il avait à peine atteint sa cinquième année.

Chilpéric arriva bientôt à Paris, s'empara des trésors qu'avait apportés Brunchault, et exila cette reine à Rouen, et ses filles à Melun.

Il envoya ensuite son fils Mérovée à la tête d'une armée pour soumettre le Poitou. Mais ce prince, mettant tout à coup de côté les ordres de son père, quitta son armée qui fit beaucoup de dégâts dans le pays, vint passer les fêtes de Pâques à Tours, et de là, feignant d'aller voir sa mère Andovère, retirée au Mans, il se rendit à

Rouen, où bientôt il épousa la reine Brunehault.

A cette nouvelle, Chilpéric, extrêmement irrité, accourut sans délai à Rouen. Il voulait faire rompre ce mariage, sachant bien qu'il avait été contracté contre les dispositions de la loi canonique, qui défendait expressément à un homme d'épouser la veuve de son oncle.

Les deux époux, instruits de l'intention où l'on était de les séparer, allèrent chercher un asile dans une église de Saint-Martin bâtie en bois sur les murs de la ville. Le roi employa toutes sortes de ruses et de promesses pour les engager à sortir; mais il ne put vaincre leur défiance. Enfin il eut recours à un serment solennel, conçu en ces termes : » Que, puisque c'était la volonté de Dieu, il ne les forcerait point à se séparer. » Rassurés par ce serment, ils sortirent de l'église. Le roi les accueillit avec bienveillance, les combla de caresses et leur donna des fêtes. Quelques jours après il emmena Mérovée à Soissons.

Tandis qu'ils étaient encore à Rouen, Godin qui avait autrefois quitté le parti de Sigebert pour celui de Chilpéric, et qui en avait été comblé de présents, abandonnant alors son nouveau maître, levait à la hâte des hommes armés en Champagne, et arrivait sous les murs de Soissons. La reine Frédégonde et Clovis, fils de Chilpéric, se hâtèrent de prendre la fuite. Les Champenois n'en continuèrent pas moins d'assiéger Soissons.

Chilpéric s'empresse d'arriver avec une armée ;
mais avant de combattre il fit proposer aux ennemis qu'ils consentissent à se retirer et à ne pas
s'obstiner dans une attaque sans but, où l'on
souffrirait des deux parts d'inutiles et nombreuses
pertes. Godin méprisa ces offres, et préféra de
combattre. L'action s'engage; mais la victoire se
déclare bientôt pour Chilpéric : l'armée ennemie
prend la fuite, et les plus braves de ses guerriers
trouvèrent la mort. Après cet heureux succès,
le roi entra dans Soissons.

Cet événement rendit Mérovée suspect au roi
son père ; se défiant de lui depuis son mariage
avec Brunehault, il disait hautement que sa méchanceté avait suscité cette guerre. Il lui ôta ses
armes, et lui donna des gardes qui eurent ordre
de veiller sur lui ; il remit à décider plus tard de
son sort.

Godin, l'auteur de cette guerre, avait pris la
fuite le premier. Le roi confisqua tous les biens
qu'il possédait sur le territoire de Soissons, et
les donna à l'église de Saint-Médard. Peu de temps
après, Godin lui-même mourut subitement.

Godin laissait une veuve jeune et belle, que
Rauchingue, homme de ruse et de violence,
homme gonflé d'orgueil et de vanité, épousa.
Il exerçait sur ses serviteurs des cruautés telles,
qu'on peut dire que cet homme n'avait rien d'humain, et qu'il poussait jusqu'au dernier degré

tout ce que peut imaginer de mal, la méchanceté la plus diabolique. Quelquefois dans ses festins, lorsqu'un serviteur portait devant lui, selon
l'usage, un flambeau de cire, il le forçait à l'é-
teindre, en appliquant la flamme sur sa jambe
nue, puis il le rallumait, et le faisait recommencer jusqu'à ce que toute la peau des jambes
du malheureux fût horriblement brûlée. S'il poussait un cri, s'il faisait un mouvement, aussitôt il
le menaçait de son scramasax. Le malheureux
pleurait en silence, et ces larmes faisaient tres-
saillir de joie ce monstre féroce.

On raconte de lui une histoire plus horrible
encore. Parmi ses serviteurs se trouvaient un
jeune homme et une jeune fille, qui, comme
cela arrive souvent, avaient conçu de l'amour
l'un pour l'autre. Cet attachement mutuel durait
depuis plus de deux ans, lorsque la crainte d'être
découverts, la certitude qu'on les séparerait et
les châtierait, leur persuadèrent de fuir et de
chercher un asile dans l'église voisine. Rauchingue en fut bientôt averti, et il accourut redemander aux prêtres ses deux esclaves échappés
de chez lui. Le prêtre lui répondit : « Tu connais
le respect que tu dois aux églises de Dieu ; tu
sais que tu ne peux reprendre tes serviteurs si tu
n'as juré de maintenir l'union sacrée qu'ils viennent de contracter, et de les exempter de tout
châtiment corporel. » Lui, ces paroles entendues,
resta d'abord en suspens ; après quoi, s'étant re-

cueilli, il étendit ses mains sur l'autel et jura,
disant : « Qu'il ne les séparerait point, et prendrait soin, au contraire, qu'ils fussent unis per-
pétuellement. Quoique ce qui s'est passé ait eu
lieu sans mon consentement, et que j'aie droit
de m'en plaindre, cependant je consens à cette
union, parce qu'ils ne se sont point mariés à des
esclaves d'un autre maître. » Le prêtre jugeant
sincère et satisfaisante la promesse de ce fourbe,
lui rendit ses deux serviteurs. Sitôt qu'il les eut
en sa possession, il fit abattre un arbre, dont on
creusa le tronc; puis il fit ouvrir une fosse de
trois ou quatre pieds de profondeur, au fond de
laquelle fut placé l'arbre creusé. Ensuite on cou-
cha la jeune fille dans cette espèce de cercueil,
et après elle le malheureux qu'elle aimait. Une
planche referma l'étroite ouverture de l'arbre, et
l'on rejeta sur eux de la terre qui emplit la
fosse et la nivela, et ainsi ils furent ensevelis
tout vivants. « Je n'ai point manqué à mon serment, disait Rauchingue; jamais ils ne seront
séparés. » Le prêtre en eut avis; il se hâta d'accourir, et accablant Rauchingue de reproches,
il finit, quoique difficilement, par obtenir
qu'ils fussent déterrés. Malheureusement il était
trop tard; le serviteur fut retiré vivant de la
terre; mais la jeune fille était morte.

Telles étaient les horreurs auxquelles se livrait
l'infâme Rauchingue, et auxquelles il prenait
un abominable plaisir. Enfin il trouva une mort

digne d'une telle vie, ainsi que nous le verrons dans la suite.

Un grand nombre de seigneurs du parti de Chilpéric l'abandonnèrent pour suivre celui de Childebert II, entre autres, Syggon qui avait été référendaire du roi Sigebert, et à qui Chilpéric avait offert les mêmes fonctions auprès de lui. Après sa défection, tous les biens qu'il possédait dans le royaume de Soissons furent confisqués, et donnés à Answald.

Parmi les seigneurs qui demeurèrent fidèles à Childebert II, se trouvait aussi Gontran-Boson, celui qui partageait avec Godégisile le commandement de l'armée de Sigebert, quand Théodebert fut défait, et à qui même on attribuait la mort de ce prince. Craignant la vengeance de Chilpéric, il s'était réfugié dans l'église de Saint-Martin à Tours.

Bientôt Rocolène envoyé par Chilpéric arriva devant Tours, et campa en face de la ville sur la rive droite de la Loire. Aussitôt il nous * envoya un messager plein d'arrogance pour nous demander d'arracher Gontran-Boson de l'église, et de le lui livrer, sinon qu'il brûlerait la ville et les faubourgs, Nous lui répondîmes, qu'il n'y avait point d'exemples dans les temps anciens d'une chose semblable à celle qu'il exigeait; que pour nous rien ne pourrait jamais nous enga-

* Grégoire était alors évêque de Tours.

ger à permettre qu'on violât la basilique sacrée; que si malgré nous, cet ordre impie était exécuté, il en arriverait malheur à lui et au roi.

Rocolène, méprisant nos avertissements, commença par démolir une maison appartenant à l'église, et qui était située au-delà de la Loire. Ceux du Mans qu'il avait amenés avec lui furent chargés de renverser cette maison; ils remplirent des sacs des ferrements et des clous qu'ils arrachèrent, puis ils brûlèrent les récoltes, et commirent toutes sortes de dégâts. Au milieu de ces dévastations, la main de Dieu frappa Rocolène; il fut tout à coup attaqué de la jaunisse, ce qui ne l'empêcha pas de renouveler ses menaces, disant qu'il n'accordait plus qu'un jour pour chasser Gontran de son asile, et que, ce jour écoulé, il ravagerait à tel point les campagnes autour de la ville, qu'on pourrait y passer la charrue.

Cependant l'Épiphanie approchait, et le mal de Rocolène faisait de nouveaux progrès. La fête venue, il traverse le fleuve, et entre dans la ville. Tandis que les prêtres sortis de la cathédrale se rendaient à la basilique en chantant des psaumes, Rocolène monté sur son cheval, se mêle à la foule qui suivait la procession. Mais à peine a-t-il touché le seuil de la basilique sacrée, que toute sa fureur si menaçante l'abandonne et s'évanouit; il sort de l'église sans pouvoir parler ni presque respirer; de toute cette journée il ne put prendre aucune nourriture. Bientôt il abandonne Tours et se rend à Poitiers ; mais au moment où il se préparait à tourmenter les habitants de cette ville, il mourut.

Mérovée languissait en prison. Enfin son père lui fit couper les cheveux, et prendre l'habit de clerc ; ensuite il le contraignit à recevoir l'ordination, puis il l'envoya au monastère de Saint-Calais dans le Mans, pour y apprendre les devoirs et les règles du sacerdoce.

Gontran-Boson, qui n'avait pas quitté l'asile de Saint-Martin, ayant appris le sort de Mérovée, lui envoya le sous-diacre Riculphe pour lui donner secrètement conseil de chercher à se réfugier dans la basilique de Saint-Martin. Mérovée saisit avidement cette espérance, la seule qui lui restât. Tandis qu'il se rendait, accompagné d'une faible escorte, à Saint-Calais où l'envoyait son père, Gaïlenus, un de ses serviteurs qui était dans la confidence, se jeta sur ceux qui conduisaient son maître et les dispersa ; Mérovée libre révêtit aussitôt ses habits séculiers, et il prit en toute hâte le chemin de Tours. Le prince y arriva sans obstacle, et il entra dans l'église de Saint-Martin pendant que je célébrais la sainte messe. Il y avait alors avec moi Raguemode, évêque de Paris, successeur de saint Germain. La messe achevée, le prince se fit connaître, et nous demanda les eulogies. * Nous

* On appelait *Eulogies* du pain, du sel, du vin, ou tout

5

répondîmes d'abord par un refus ; mais il s'écria qu'on ne pouvait pas le retrancher ainsi sans jugement de la communion des fidèles. Après avoir examiné sa demande d'après le droit canonique, du consentement de mon collègue qui m'assistait, je lui donnai les eulogies.

Cet événement causa de grands malheurs à la ville de Tours. J'envoyai mon diacre, accompagné de mon neveu Nicétus, que ses affaires particulières appelaient à Soissons, pour informer le roi Chilpéric de la fuite de Mérovée. En les voyant, Frédégonde les traita d'espions, qui n'étaient venus que pour savoir ce que faisait le roi, et le rapporter ensuite à Mérovée. Elle les fit aussitôt saisir, dépouiller et condamner à l'exil, où ils restèrent sept mois. Le roi à son tour m'envoya des messagers porteurs d'un ordre ainsi conçu : « Jetez cet apostat hors de la sainte basilique; sinon j'irai mettre à feu et à sang tout le pays. » Je lui répondis « qu'on ne pouvait faire en un temps chrétien ce que l'hérésie, en son temps, n'avait osé faire. » Chilpéric, de plus en plus irrité, fit marcher une armée en Touraine. Mérovée, connaissant les intentions de son père, méditait avec Gontran de s'enfuir auprès

autre objet de ce genre qui avait été béni et qui se distribuait aux catéchumènes, ou aux fidèles qui ne communiaient pas sacramentellement. Ces eulogies rappelaient les agapes des premiers chrétiens; elles ont été remplacées par le pain bénit qu'on distribue encore aux fidèles. Le mot *Eulogie* signifie bénédiction. Les personnes qui avaient encouru l'excommunication ne pouvaient recevoir les eulogies.

de Brunehault. « Je ne veux pas, dit-il un jour, qu'à cause de moi, l'église de Saint-Martin soit violée, ou que cette contrée éprouve quelque dommage. » Puis il entra dans la basilique, y passa la nuit en veilles et en prières. Il offrit au tombeau du saint Pontife, tout ce qu'il avait sur lui, et le conjura de venir à son secours, et d'obtenir de Dieu par son intercession, d'être rétabli dans sa première dignité.

. Leudaste était alors comte de Tours; dévoué à Frédégonde, il tendait toutes sortes d'embûches à Mérovée. Chaque jour, quand ses gens s'éloignaient de la basilique, ceux du comte les attaquaient à coups d'épées et de bâtons; plusieurs furent tués ainsi, et le prince lui-même n'eût pas été épargné, si Leudaste en eût trouvé l'occasion. Mérovée désirait ardemment se venger, et exercer quelques représailles sur des gens dévoués à la reine. Marileïfe, premier médecin du roi, se rendant de Soissons à Poitiers, passa par hasard dans ce moment à Tours. Gontran Boson conseilla à Mérovée de faire arrêter ce personnage. Il réussit à s'en emparer; on lui enleva tout l'or et l'argent qu'il portait, ensuite on lui ôta ses habits, et le plus ignominieux traitement lui fut infligé. On l'aurait fait périr certainement, s'il n'était parvenu à s'échapper des mains de ceux qui le frappaient, et à gagner l'église. Là, je lui procurai des vêtements, et lui ayant assuré une libre sortie, je lui donnai la facilité de gagner Poitiers.

Mérovée s'emportait souvent en discours té-
méraires contre son père et contre sa belle-mère
Frédégonde, les accusant hautement de crimes et
de forfaits; quoique ce qu'il disait fût en partie
vrai, je ne crois pas que la révélation de pareilles
choses sorties de la bouche d'un fils, fût une
action agréable à Dieu, comme j'ai eu lieu de
m'en convaincre plus tard. Un jour, que j'avais
été invité à sa table, il me supplia de lui lire
quelques passages des livres saints pour l'instruc-
tion de son âme. J'ouvris le livre des proverbes
de Salomon, et je lus au hasard le premier
verset qui se rencontra sous mes yeux; c'était
celui-ci : « *Que l'œil de celui qui outrage son
pére soit arraché par les corbeaux des torrents,
et que les fils de l'aigle en fassent leur proie.* »
(Prov. chap. 30, v. 17.) Je considérai en
moi-même ce verset comme une sentence du
ciel; toutefois il ne l'entendit pas.

Il y avait alors à Tours une femme qui faisait
profession de prédire l'avenir. Gontran-Boson,
qui l'avait connue au temps du roi Charibert,
lui envoya un de ses serviteurs pour qu'elle
lui dît ce qu'il pouvait craindre ou espérer. Il
avait grande confiance en elle, car il assurait
qu'elle lui avait prédit non-seulement l'année,
mais le jour et l'heure de la mort de Charibert.
La réponse de la prétendue prophétesse ne se fit
pas attendre. « Chilpéric mourrait dans l'année,
Mérovée seul lui succéderait, Gontran gouver-

nerait le royaume pendant cinq ans. La sixième année, il serait évêque de l'une des villes situées sur le cours de la Loire, et il mourrait plein de jours. » Aussitôt qu'il eût reçu cette réponse, gonflé de vanité, et comme s'il eût été déjà assis sur le siége de Tours, il vint avec empressement me la communiquer. Je ne pus m'empêcher de rire de sa folie, et de lui dire : « C'est à Dieu seul qu'il appartient de découvrir l'avenir. On ne doit pas se fier aux promesses du démon, car il est le père du mensonge. » Il se retira tout confus.

Une nuit, après avoir célébré les vigiles dans la basilique de Saint-Martin, je venais de me li-vrer au sommeil, quand je vis en songe un ange qui traversait les airs. En passant au-dessus de la sainte basilique, il criait d'une voix sinistre et retentissante. «Hélas! hélas! Dieu a frappé Chil-périe, et avec lui tous ses fils, et il n'en restera aucun de ceux qui existent pour régner après lui. » Il avait alors de diverses femmes, quatre fils, sans compter les filles.

Pendant le séjour du prince et de Gontran-Boson dans la basilique de Saint-Martin, Frédé-gonde qui protégeait déjà Gontran, parce qu'il était l'auteur de la mort de Théodebert, lui en-voya un message secret par lequel elle lui deman-dait de persuader à Mérovée de sortir de la ba-silique. « Elle paierait généreusement ce service, et de riches dons en seraient le prix. » Il changea

aussitôt de conduite et de langage avec Mérovée.
Croyant les assassins de Frédégonde appostés
dans le voisinage, il dit au prince : « Pourquoi
languir ici dans l'oisiveté, et nous tenir timide-
ment renfermés dans l'étroite enceinte de la basilique ? Faisons plutôt venir nos chevaux, prenons nos faucons et nos chiens, allons nous exercer à la chasse, et nous divertir dans des lieux
plus spacieux et plus gais. » Mérovée se laissa
séduire; son inclination et l'ennui de sa captivité
aidaient aux sollicitations de Gontran, homme
habile, et qui n'était pas dépourvu de bonnes
qualités, mais ami perfide, et toujours prêt à
se parjurer. Ils sortirent donc de la basilique, et
s'avancèrent jusqu'à Joué, maison de campagne
à peu de distance de la ville; mais personne n'attaqua Mérovée qui sortit du piége, sans l'avoir
même soupçonné.

Gontran, ainsi que nous l'avons déjà dit,
était accusé d'avoir tué Théodebert. Le roi Chilpéric, qui avait à cœur de le poursuivre pour ce
fait, imagina d'écrire solennellement au tombeau
de Saint-Martin une lettre dans laquelle il demandait à ce saint pontife, s'il permettrait ou non
d'arracher Gontran à cet asile. Le diacre Baudin,
porteur de la lettre du roi, la déposa au tombeau
du saint, avec des feuilles de papier blanc destinées à recevoir sa réponse. Il attendit trois jours,
et voyant qu'il ne recevait aucune réponse, il
retourna auprès de Chilpéric. Le roi alors envoya

.d'autres personnes pour demander à Gontran de promettre par serment qu'il ne sortirait pas de la basilique sans lui en donner connaissance. Gontran s'empressa de jurer sur le voile de l'autel, qu'il ne s'en irait pas sans l'ordre du roi.

Mérovée ne se fiait point aux promesses de la prophétesse consultée par Gontran-Boson; il voulut connaître par l'épreuve du sort des saints ce qui devait lui arriver. Il plaça sur le tombeau de Saint-Martin le livre des psaumes, celui des rois et celui des évangiles. Il passa trois jours et trois nuits en veilles, en jeûnes et en prières. Alors il prit sur le tombeau le livre des rois, où il lut ce verset qui s'offrit le premier à ses yeux : *Parce que vous avez abandonné le Seigneur votre Dieu pour suivre des dieux étrangers, le Seigneur vous a livré entre les mains de vos ennemis.* » * Dans le livre des psaumes il trouva ce passage : «*A cause de leur perfidie, ô Dieu, vous les avez renversés dans le temps même qu'ils s'élevaient. O comment sont-ils tombés dans la dernière désolation? Ils ont manqué tout d'un coup, et ils ont péri à cause de leur iniquité* **. »

Dans l'Évangile il lut ces mots : «*Vous savez que dans deux jours on célèbre la Pâque, et que le Fils de l'homme doit être livré pour être crucifié* ***. »

---

* Rois, liv. 3. chap. 9.
** Psaume 72, v. 18. 19.
*** Evangile selon saint Matthieu, chap. 26 v. 2.

Accablé par ces réponses, Mérovée, fondit en larmes, et resta longtemps prosterné devant le tombeau. Enfin, prenant une résolution décisive, il partit accompagné de Gontran-Boson et de plus de cinq cents hommes. Arrivés à Auxerre, ville qui dépendait de son oncle le roi Gontran, ils furent arrêtés par Erpon, gouverneur de cette ville. Mérovée parvint, je ne sais comment, à s'é- chapper, et à trouver un asile dans l'église de Saint-Germain. En apprenant cette nouvelle, le roi Gontran entra dans une grande colère contre Erpon; il le condamna à une amende de sept cents pièces d'or et à perdre sa place, en lui adressant ce reproche : « Puisque tu l'arrêtais, il fallait me l'amener sur-le-champ ; et puisque tu ne devais pas le retenir, il ne fallait pas l'arrêter. »

Pendant ce temps-là, l'armée de Chilpéric s'a- vançant jusqu'à Tours, pillait, brûlait et rava- geait toute la contrée : les soldats n'épargnè- rent pas même ce qui appartenait au bienheu- reux saint Martin, et sans aucun respect, sans aucune crainte de Dieu, ils prirent tout ce qui se trouva sous leurs mains.

Mérovée resta près de deux mois dans l'église de Saint-Germain. Enfin il quitta encore cet asile, et suivant toujours son premier dessein, il parvint jusqu'auprès de la reine Brunehault, qui était retournée dans les états de son fils. Mais les Austrasiens ne voulurent pas recevoir Méro- vée. Son père entra en Champagne avec une armée, pensant qu'il était caché dans ce pays; ne l'y trouvant pas, il se retira, sans avoir causé aucun dommage à la contrée.

Quelque temps après, le bruit courut que Mérovée cherchait à gagner de nouveau la basilique de Saint-Martin. Chilpéric fit entourer l'église et fit fermer toutes les issues. Les gardes ne laissaient libre qu'une seule entrée, par laquelle passait un petit nombre de clercs pour se rendre à l'office. Toutes les autres portes étaient fermées, ce qui contrariait beaucoup le peuple.

Dans le temps que je me trouvais à Paris, on vit des signes dans le ciel. Vingt rayons lumineux parurent au nord, et s'avancèrent de l'orient à l'occident. L'un d'eux plus grand et plus brillant que les autres, s'étant élevé plus haut, disparut bientôt : les autres s'évanouirent ensuite de la même manière. Je pense que ces signes présageaient la mort de Mérovée.

Comme ce prince se tenait caché dans la Champagne Rémoise, n'osant se fier ouvertement aux Austrasiens, il fut découvert par les habitants de Thérouanne. Ils envoyèrent vers lui, pour lui dire qu'il vînt sur leurs terres, qu'ils abjureraient l'obéissance de Chilpéric, et qu'ils se soumettraient à la sienne. Mérovée, se fiant à ces promesses, partit accompagné d'un petit nombre de ses plus dévoués et de ses plus braves serviteurs. Pour cacher leur ruse, les habitants de Thérouanne le firent entrer dans une ferme, qui fut aussi-

tôt investie d'une troupe de gens armés. Au même
instant, des messagers se mirent en route pour
porter cette nouvelle à Chilpéric. En la recevant,
le roi s'empressa de partir pour se rendre lui-
même sur les lieux. Mais dès que Mérovée s'aperçut qu'il était prisonnier, craignant que la vengeance de ses ennemis ne s'exerçât sur lui par de
longs supplices, il appela son fidèle Gaïlénus et
lui dit : « Nous n'avons jamais eu qu'une âme et
qu'une pensée; je te demande de ne pas souffrir
que je tombe vivant entre les mains de mes ennemis, c'est pourquoi je te prie de me percer de
ton épée. » Gaïlénus lui obéit, sans hésiter.
Quand Chilpéric arriva, son fils venait d'expirer.
Beaucoup de personnes assurent que ces paroles
de Mérovée que nous venons de rapporter, sont
une fable inventée par la reine Frédégonde, et
que c'est elle-même qui donna secrètement l'ordre de le tuer. Cependant Gaïlénus fut arrêté par
ses ordres. On lui coupa les mains, les pieds, les
oreilles et les narines, et on le fit périr dans les
plus barbares tourments. Grindion finit ses jours
sur la roue. On trancha la tête à Gucilian, qui
avait été maire du palais de Sigebert. La plupart
de ceux qui avaient accompagné Mérovée, périrent par différents supplices également cruels. On
disait aussi qu'Égidius, évêque de Reims, et Gontran-Boson avaient dirigé les embûches tendues à
ce malheureux prince, parce que le premier était
lié depuis longtemps avec Frédégonde, et que le

second jouissait secrètement de son amitié pour avoir tué Théodebert.

Voici ce qui se passa en Bretagne en ce temps-là (577 — 579). Ce pays était divisé en deux états gouvernés chacun par un comte. Deux de ces comtes nommés l'un Malô et l'autre Bodic., avaient fait entre eux, sous la foi du serment, un traité par lequel celui des deux qui survivrait s'engageait à protéger les enfants de l'autre, comme les siens propres. Bodic mourut le premier, laissant un fils nommé Théodoric. Malô oubliant son serment, le chassa de sa patrie, et s'empara des états de son père. Théodoric resta longtemps errant et fugitif. Dieu enfin eut pitié de lui. Il réunit un grand nombre de Bretons, et attaqua Malô. Celui-ci périt dans le combat avec un de ses fils nommé Jacob. Théodoric victorieux remit sous sa puissance la portion de la Bretagne qui avait appartenu à son père, et laissa l'autre partie à Warroch, fils de Malô.

Le roi Gontran fit tuer les fils de Magnachaire, à cause des propos infâmes qu'ils tenaient contre la reine Austrigilde et ses enfants; et leurs biens furent confisqués au profit du trésor royal. Il perdit presque en même temps ses deux fils atteints d'une maladie qui les emporta promptement. Cet événement, qui le privait de postérité, lui causa un profond chagrin.

Le roi Gontran envoya une ambassade à son

neveu Childebert II, pour lui offrir son alliance, et
lui demander une entrevue. Les grands d'Austrasie
acceptèrent avec empressement pour le jeune roi,
et l'accompagnèrent à cette entrevue. La rencontre des deux princes eut lieu au Pont-de-Pierre,
sur la Meuse * Gontran embrassa tendrement son
neveu ; ensuite il dit : « C'est en punition de mes
péchés que je me trouve aujourd'hui privé d'enfants ; maintenant je demande que mon neveu
devienne mon fils. » S'interrompant à ces mots,
il le fit asseoir sur son propre siége, et l'installa
en ces termes : « Qu'un même bouclier nous
protège ! qu'une même lance nous défende ! Si
je dois de nouveau avoir des fils, je ne t'en
compterai pas moins comme un d'entre eux.
afin qu'il règne entre vous la même affection que
je te promets ici devant Dieu. » Les grands de
Childebert firent en son nom des promesses
semblables. Ils mangèrent et burent ensemble,
ils l'honorèrent par des présents dignes de leur
rang, après quoi ils se séparèrent en paix. Ils
envoyèrent ensuite à Chilpéric une légation,
pour lui demander de rendre ce qu'il avait enlevé au royaume d'Austrasie, ou de se préparer
au combat. Mais Chilpéric, méprisant cette
sommation, fit bâtir des cirques à Soissons et à
Paris, et y donna des spectacles au peuple.

En ce temps-là, Chilpéric manda auprès de

_____
* Village entre Lamothe et Neuchâteau.

lui Prétextat, évêque de Rouen, qu'on accusait
de faire des largesses au peuple pour l'exciter
contre lui. Après l'avoir interrogé, le roi reconnut qu'il avait eu en sa possession des objets
que lui avait confiés la reine Brunehault. On lui
enleva ces objets, et il fut relégué dans un lieu où
le roi le fit garder jusqu'au moment où il serait
jugé par l'assemblée des évêques. Le concile se
réunit à Paris dans la basilique de saint Pierre,
et Prétextat y fut amené. Le roi, prenant lui-
même la parole au milieu de l'assemblée, dit au
prélat accusé : « Quel a été ton dessein, ô Évêque, en mariant mon ennemi Mérovée, qui devait être mon fils, avec la femme qu'il aimait,
c'est-à-dire avec l'épouse de son oncle ? Igno-
rais-tu les dispositions des saints canons à ce
sujet ? ce n'est pas le seul crime que j'ai à te
reprocher, car il sera prouvé que tu as conspi-
ré avec lui, en employant la corruption, pour
attenter à ma vie. Tu as rendu le fils ennemi du
père, tu as séduit le peuple par des largesses
pour qu'il ne me gardât point la fidélité qu'il me
devait; tu as voulu enfin livrer mon royaume à un
autre. » En entendant cette accusation, les Francs
frémissaient d'indignation, et la foule assemblée
au dehors voulait rompre les portes de l'église,
en arracher Prétextat et le lapider. Le roi cependant contint la fureur de la multitude.

Prétextat nia les derniers faits qui lui étaient
reprochés. On fit venir alors de faux témoins qui

montrèrent les présents qu'ils avaient reçus de l'évêque pour engager leur foi à Mérovée. Lui, au contraire, affirmait qu'il n'avait jamais détourné ces hommes de leurs devoirs envers Chilpéric, et que les présents dont ils abusaient pour l'accuser, n'étaient que le retour et l'échange de ceux qu'ils lui avaient eux-mêmes apportés.

Le roi se retira alors en son logis, et nous allâmes siéger dans la sacristie de l'église de Saint-Pierre. Tandis que nous étions à conférer ensemble, tout à coup Aiétius, archidiacre de Paris, se présenta à nous, et nous ayant salués il nous dit : « Écoutez-moi, ministres du Seigneur, qui êtes assemblés en ce lieu; voici le temps où vous pouvez honorer votre nom, et lui donner une gloire éclatante, ou bien vous exposer à n'être plus regardés comme les prêtres du Seigneur si vous n'agissiez pas judicieusement et si vous laissiez périr votre frère. » Mais on se taisait et personne ne répondait à Aétius, tant était grande la crainte des ressentiments de Frédégonde, qui par ses intrigues dirigeait toute cette affaire.

Voyant que tout le monde gardait un silence profond, je pris la parole. « Écoutez-moi, je vous prie, leur dis-je, ministres sacrés du Seigneur, et vous surtout qui avez un accès plus familier auprès du roi. Donnez-lui un conseil salutaire et digne du caractère sacerdotal. Obtenez de ce prince qu'il ne s'abandonne pas à sa colère contre un prêtre de Dieu, de peur qu'il

ne perde son âme et sa gloire. » On se tut encore, et voyant que personne ne prenait la parole,
j'ajoutai : «Souvenez-vous, prêtres de mon Dieu,
de ces paroles du prophète : *Si celui qui est chargé de veiller, voit les iniquités de l'homme et ne les
découvre pas, il sera coupable de la perte de cette
âme.* Rompez donc le silence, avertissez et prê-
chez, car c'est votre devoir. Montrez au roi ses
fautes, découvrez-lui ses dangers, afin qu'il ne
lui arrive aucun mal et que vous n'ayez pas à
répondre de son âme. Nous avons vu périr Clodomer, pour avoir préféré la vengeance aux
sages exhortations d'Avitus. La main de Dieu
châtia Maxime pour ses violences contre saint
Martin. Craignez donc pour vous-mêmes les suites
de votre coupable silence. » On se tut encore
pour la troisième fois, et tout le monde paraissait frappé de stupeur.

Cependant il se trouva parmi les membres de
l'assemblée, deux flatteurs, nom qu'il m'est
douloureux de donner à des évêques, qui allèrent me dénoncer au roi comme le plus grand
ennemi de sa cause. Aussitôt il m'envoya un de
ses courtisans avec ordre de me présenter à
l'instant devant lui. Lorsque j'arrivai, je trouvai
le roi dans une cabane de ramée. Il avait à sa
droite Bertrand évêque de Bordeaux, et à sa
gauche Raguemode évêque de Paris; devant eux
était une table chargée de pain et de différents
mets. En me voyant, le roi me dit : « O évêque,

tu dois rendre la justice à tous, et voilà que je
ne puis l'obtenir de toi ; mais je le vois, tu consens à l'iniquité et tu es la preuve de ce prover-
be que le corbeau n'arrache point les yeux au
corbeau. » Je répondis : « Si quelqu'un de nous,
ô roi, voulait s'écarter du sentier de la justice,
tu as le pouvoir de le punir ; mais si tu t'en
écartes toi-même qui te punira ? nous n'avons
d'autre pouvoir que celui de la parole, mais tu
l'écoutes si tu veux ; si tu ne le veux pas, personne n'a le droit de te condamner que celui
qui a dit qu'il est la justice même. » Excité par
ses flatteurs, il reprit : « Puisque je ne puis obtenir de toi la justice que je réclame, voici ce
que je ferai : j'irai à Tours, j'assemblerai le peuple et je lui dirai : Élevez-vous contre Grégoire,
car c'est un homme injuste. Il me refuse, à moi,
qui suis roi, la justice que je lui demande,
comment vous la rendra-t-il à vous-même qui êtes
au-dessous de moi ? » Roi, répondis-je, tu ne
le sais pas si je suis injuste. Celui-là seul le sait
qui connait le fonds de ma conscience et qui
sonde les replis les plus secrets des cœurs. Si le
peuple t'écoute et m'accuse, ces faussetés re-
tomberont sur toi, qui les auras excitées. Consulte les lois et les saints canons. Le jugement
de Dieu te sera redoutable si tu t'en écartes. »
A ces mots Chilpéric changeant de ton, adou-
cit son langage, croyant sans doute que je ne
remarquerais pas sa ruse, il m'offrit un mets qui

se trouvait sur la table en disant d'un air affable : « J'ai fait préparer ce mets pour toi ; il n'y a que quelques volailles et un peu de pois. » Mais j'insistai en ajoutant : « Notre nourriture est de faire la volonté de Dieu, et non de savourer tes délices. Toi, qui doutes de notre justice, promets donc, afin de ne pas faire douter de la tienne, que tu ne t'écarteras ni de la loi ni des saints canons. » Alors le roi leva la main, et jura par le Dieu tout-puissant qu'il ne transgresserait ni les canons ni les lois. Satisfait de ce serment j'acceptai du pain et du vin, et je me retirai.

Mais au milieu de la nuit, au moment où je venais de réciter les matines, j'entendis frapper à coups redoublés à la porte de la maison que j'habitais. J'envoyai un serviteur qui m'annonça que c'étaient des messagers de la reine Frédégonde. Je les fis entrer, et ils me saluèrent de la part de la reine ; ensuite ils me sollicitèrent de n'être point contraire à sa cause, et m'offrirent de sa part deux cents livres d'argent si je consentais à la condamnation de Prétextat. Ils ajoutèrent qu'ils avaient déjà reçu la promesse de tous les évêques, et que j'étais le seul opposant. « Vous m'en donneriez mille et d'argent et d'or, leur répondis-je, que je ne ferais autre chose que suivre l'ordre de Dieu. Je ne promets qu'une chose, c'est de m'unir aux évêques en tout ce qui sera décidé suivant les canons. » Ne comprenant pas ce que je leur disais, ils se retirèrent en me remerciant. Le matin, quelques évêques vinrent m'apporter un semblable message ; je leur fis la même réponse.

Ce jour-là quand nous fûmes rassemblés dans la basilique de saint Pierre, le roi se présenta de nouveau et nous dit : « Les canons décident qu'un évêque, convaincu de vol, sera privé de ses fonctions. » Nous lui demandâmes à quel évêque était imputé ce crime. Il répondit : « Vous avez vu les objets qui m'ont été dérobés. » Effectivement il nous avait montré, trois jours auparavant, deux coffres remplis d'effets précieux, dont on portait la valeur à plus de trois mille sous d'or, et un sac contenant environ deux mille pièces de même métal. Le roi prétendait que l'évêque lui avait volé ces objets.

L'évêque, repoussant cette imputation, répondit aussitôt : « Vous devez vous rappeler, ô Roi, qu'à l'époque où la reine Brunehault quitta Rouen, je suis allé vous trouver, et je vous ai dit que la reine m'avait confié en dépôt cinq paquets remplis d'objets de grande valeur. Quand elle m'envoya ses serviteurs me les redemander, je ne voulus pas les rendre sans votre permission. Vous me répondîtes : «Rends à cette femme tout ce qui lui appartient, de peur que de nouvelles inimitiés ne s'élèvent entre moi et mon neveu Childebert à ce sujet. » Je remis alors un seul paquet aux envoyés de la reine, car ils ne pouvaient en emporter davantage. Quand ils revinrent chercher le reste, je vous consultai encore, et vous me fîtes la même réponse. Je leur délivrai deux autres coffres. Les deux qui sont restés entre mes mains étaient ceux qu'ils n'avaient pas encore retirés. Pourquoi donc m'accusez-vous d'avoir volé des objets qui ne se sont trouvés chez moi que parce qu'ils y étaient à titre de dépôt ? »

Chilpéric, insistant toujours, dit à Prétextat : « Si tu étais dépositaire de ces choses, pourquoi en as-tu détourné des franges tissues d'or, et pourquoi as-tu distribué ces franges à ceux que tu voulais animer contre moi ? L'évêque reprit : « J'ai déjà fait connaître le motif des présents que vous me reprochez. J'ai disposé de ces franges, parce que c'étaient les seuls effets précieux que j'eusse alors en mes mains pour récompenser ceux qui me gratifiaient de leurs dons. J'ai cru pouvoir en disposer comme d'une propriété personnelle parce qu'elles appartenaient à mon fils Mérovée, à qui j'ai servi de père au baptême. » Chilpéric humilié sortit à l'instant du concile.

L'embarras de ce prince était grand, car il voyait le peu de succès de ses calomnies. Vaincu par les réponses de l'accusé, il ne savait plus quel moyen employer pour satisfaire au désir de la reine. Enfin, il conçut le projet de séduire Prétextat lui-même. Il appela quelques-uns de ses affidés, et leur dit : « Allez; feignez de lui porter intérêt, et de lui donner des conseils

comme de vous-même; dites-lui : « le roi Chilpéric est bon et n'est pas inaccessible à la prière.
Fléchis afin qu'il fléchisse. Humilie-toi, consens
à ce qu'il demande. Nous, alors nous nous pros-
ternerons à ses pieds, et il ne nous refusera pas
ton pardon. » Les affidés du roi lui obéirent exactement, et Prétextat séduit par leurs promesses,
promit de suivre leur conseil.

Le jour suivant, nous nous assemblâmes au
lieu ordinaire de nos séances. Le roi se présenta
au concile et dit à l'évêque : « Quand tu as distribué tes présents, si ce n'était que pour t'ac-
quitter de ceux que tu recevais, pourquoi as-tu
sollicité les personnes qui en obtenaient de faire
serment de fidélité à Mérovée? » — « On te
trompe, répondit l'évêque, je ne leur ai pas demandé leur fidélité, mais leur amitié. Ton fils
était mon fils spirituel; c'est moi qui l'ai apporté au baptême. Je lui cherchais des amis parmi
les hommes; je lui en eusse cherché parmi les
anges du ciel, si cela m'eût été possible. »

La dispute allait recommencer avec plus d'a-
nimosité; mais tout à coup on vit Prétextat se
jeter sur la terre, et il s'écria : « J'ai péché !
j'ai péché contre le ciel et contre toi, ô roi
très-miséricordieux ! mon cœur a médité l'homicide; j'ai voulu placer ton fils sur ton trône avant
qu'il fût temps. » Quand il eut cessé de parler,
le roi se prosterna aux pieds des évêques : « En-
tendez, s'écria Chilpéric; pieux évêques, enten-

dez. La voix du coupable vient elle-même de confesser le détestable crime. » Pour nous, fondant en larmes, nous relevâmes le roi, qui fit sortir aussitôt Prétextat de l'église. Lui-même se retira dans son logis. Il envoya au concile le livre des canons où il est dit que *l'évêque pris en homicide, sera dépouillé du sacerdoce.* Le roi demanda de plus que la robe de Prétextat fut lacérée, ou qu'on récitât sur sa tête le cent huitième psaume, qui contient les malédictions prononcées contre Iscariote, ou enfin qu'il fût rendu un jugement qui prononçât contre lui une excommunication perpétuelle. Je m'opposai à ces demandes, en rappelant au roi son serment, par lequel il s'était engagé à ne rien faire que ce qui serait ordonné par les canons. Alors Prétextat fut arrêté en notre présence, et remis entre les mains des gardes. Comme il essaya de s'enfuir pendant la nuit, il fut frappé avec violence, et rélégué dans une île de la Manche (Jersey).

En ce temps-là, un breton nommé Winnoch qui vivait dans une grande austérité, vint à Tours, se rendant en pélerinage à Jérusalem. Ses vêtements étaient faits de peaux de brebis, sans laine. Comme il me parut un saint prêtre, je le reçus avec honneur pour l'engager à prolonger son séjour.

Dans le même temps, Samson, le plus jeune fils de Chilpéric, mourut de la dyssenterie. Il

était né à Tournay, à l'époque où Chilpéric y
était assiégé par son frère. A sa naissance Frédégonde craignant de mourir elle-même, éloigna
d'elle cet enfant et voulut le faire périr ; mais le
roi s'opposa à cette action criminelle, et le fit
baptiser. Il fut tenu sur les fonds par l'évêque
lui-même ; mais il ne vécut pas tout à fait cinq
ans. La mère, Frédégonde, fut aussi grièvement
malade ces jours-là, mais elle revint en santé.

Gontran-Boson vint à Tours avec une petite
troupe de gens armés, enleva par force ses filles
qu'il avait laissées dans l'église sainte, et les emmena à Poitiers, ville qui dépendait du roi Childebert II. Le roi Chilpéric s'empara ensuite de
Poitiers ; ses troupes chassèrent celles de son neveu, et amenèrent au roi Énnodius, comte de
cette ville. Chilpéric l'exila et confisqua ses
biens ; mais un an après il fut rappelé, et ses biens
lui furent rendus. Gontran-Boson se sauva vers
le roi Childebert II, laissant ses filles dans l'église
de saint Hilaire.

La même année les habitants de Tours, de
Poitiers, de Bayeux, du Mans, d'Angers, avec
plusieurs autres, entrèrent en Bretagne par les
ordres du roi Chilpéric, et s'établirent sur la
Vilaine pour faire la guerre à Warroch, fils de
Malô. Mais celui-ci surprit pendant la nuit les
Saxons de Bayeux, et en tua la plus grande par-
tie. Le troisième jour, il fit la paix avec les ducs

du roi Chilpéric; il leur donna son fils en ôtage,
et il s'obligea par serment à être fidèle au roi. Il
restitua aussi la ville de Vannes, sous condition
cependant que s'il se montrait digne de la gouverner au nom du roi, il en paierait chaque année les tributs et toutes les redevances, sans attendre de sommation. Les troupes se retirèrent
ensuite, et Chilpéric ordonna qu'on levât les
bans sur les pauvres et les serviteurs de l'église
qui n'avaient pas marché à l'armée. Ce n'était
pourtant pas l'usage qu'ils s'acquittassent d'aucune des fonctions publiques. Bientôt Warroch
oubliant ses promesses, et voulant rompre le
traité qu'il avait fait, envoya Eon, évêque de
Vannes, auprès de Chilpéric pour cet objet. Le
roi irrité, adressa à l'évêque de sanglants reproches, et le fit mener en exil.

La quatrième année du règne de Childebert II,
qui était la dix-huitième du règne de Gontran et
de Chilpéric, ce dernier fit faire dans tout son
royaume un recensement nouveau et onéreux;
pour cette cause, plusieurs abandonnèrent leurs
cités et leurs propriétés, se réfugiant dans d'autres royaumes, préférant vivre loin de chez eux
en étrangers, plutôt que de souffrir une telle
oppression. En effet, il était ordonné que chaque propriétaire paierait une amphore de vin par
arpent pour sa propre terre. D'autres charges
nombreuses étaient encore imposées, tant sur

le reste des terres que sur les esclaves, en sorte
qu'on ne pouvait y suffire. Le peuple de Limoges,
accablé d'un tel fardeau, s'étant assemblé aux
Kalendes de mars (le 1er), voulut tuer le référendaire Marc, qui était chargé de cette opération ;
et il l'eût fait sans doute, si l'évêque Ferriol
n'avait soustrait cet homme à un péril si immi-
nent. La multitude rassemblée brûla du moins
les livres du recensement. Le roi en fut fort irrité. Il fit partir d'auprès de lui des personnes
qui affligèrent ce peuple par d'immenses dommages, et qui répandirent la terreur par des tourments et des supplices capitaux. On assure que
des prêtres et des abbés furent alors liés à des
poteaux et soumis à différents châtiments, parce
que les envoyés du roi les avaient accusés d'a-
voir excité le peuple à la sédition et à l'incendie
des livres de compte. Ils établirent ensuite des
tributs plus pesants que les précédents.

Les Bretons ravagèrent le territoire de Rennes,
et y commirent d'effroyables dévastations. Leurs
excursions s'étendirent jusqu'à Saint-Aubin-du-
Cormier. Le roi révoqua l'exil de l'évêque Eon ;
mais il lui prescrivit de résider à Angers, et lui
défendit de retourner à Vannes. Puis il envoya
contre les Bretons, le duc Bappolène, qui exerça
dans quelques endroits, des représailles de
destruction, qui n'eurent d'autre effet que de
redoubler la haine du peuple. Les Bretons se

vengèrent sur le territoire de Nantes et sur celui de Rennes. Ils ravagèrent les moissons, brûlèrent les fermes, dépouillèrent les vignes de leurs fruits, et emmenèrent les habitants en captivité. L'évêque Félix leur envoya une députation pour leur reprocher leur conduite. Ils promirent de changer, mais ils n'en firent rien.

A Paris, cette année-là, une certaine femme fut accusée d'avoir abandonné son mari pour suivre un autre homme. Les parents du mari allèrent trouver le père de la femme, et lui dirent : « Faites connaître que votre fille est innocente, ou qu'elle soit punie de mort, afin que sa mauvaise conduite ne déshonore pas notre race. » — « Je sais, répondit le père, que ma fille est parfaitement innocente, et que les propos tenus contre elle ne sont qu'une calomnie des méchants. Pour les confondre, je garantirai par serment l'innocence de ma fille. » Ils lui demandèrent de faire ce serment sur le tombeau de saint Denys; le père y consentit. Après cette convention, ils se rendirent à la basilique du saint martyr; alors le père, élevant les mains sur l'autel, jura que sa fille n'était pas coupable. Les parents du mari, jurèrent de leur côté que le père était parjure. Une querelle s'élève aussitôt, les glaives sont tirés; ils se jettent les uns sur les autres, et s'égorgent devant l'autel même. C'étaient des personnages de haut rang, et des

premiers de la cour de Chilpéric. Plusieurs furent grièvement blessés ; le sang humain arrosa
le pavé de l'église ; les portes du temple conser-
vèrent les traces des coups d'épées et de javelots, et le tombeau même du saint fut témoin de
l'acharnement impie des combattants. On eut
bien de la peine à les apaiser ; le service divin
fut suspendu jusqu'à ce que le roi eût été instruit
de ce qui s'était passé. Les parties intéressées se
rendirent avec empressement auprès du roi ;
mais il refusa de les recevoir, et les renvoya à
l'évêque du lieu, qu'il chargea de reconnaître
s'ils étaient coupables ou non, et dans ce dernier cas de les recevoir à la communion. Alors
ils s'accusèrent de leurs fautes, en firent pénitence, et furent reçus par l'évêque Raguemode,
qui gouvernait l'église de Paris, dans la communion des fidèles. Quelques jours après, la femme
qui avait donné lieu à ce débat, fut jugée et con-
damnée à être pendue.

La cinquième année du règne de Childebert II,
il y eut en Auvergne une inondation qui causa
de grands ravages. La pluie avait duré douze
jours consécutifs, et la Limagne fut tellement
couverte d'eau, qu'un grand nombre de culti-
vateurs ne purent ensemencer leurs terres. La
Loire, l'Allier et les autres affluents de ces rivières, s'enflèrent tellement qu'ils franchirent
les bornes que jusque-là ils n'avaient jamais dé-

passées. Il y eut une perte énorme de bétail et
de moissons, et un grand nombre d'édifices furent renversés. En même temps le Rhône et la
Saône, sortant de leurs lits, causèrent de grands
dommages aux populations voisines, et renversèrent une partie des murailles de la ville de
Lyon. Les pluies ayant cessé, les arbres fleuri-
rent de nouveau, quoique ce fût au mois de
septembre.

A Tours, le matin avant le lever de l'aurore,
un éclair parcourut le ciel, et disparut du côté
de l'orient. En même temps on entendit dans
toute la contrée, un bruit semblable au craque-
ment que produit la chute d'un arbre. La ville de
Bordeaux fut ébranlée par un tremblement de
terre; ses remparts faillirent être renversés, et
la population effrayée s'empressa de sortir de la
ville dans la crainte d'être engloutie avec elle.
Un grand nombre d'habitants se retirèrent dans
les villes voisines. Ce tremblement de terre se fit
sentir jusqu'en Espagne, mais avec moins de
force. Cependant d'immenses rochers se déta-
chèrent des Pyrénées, et écrasèrent dans leur
chute des hommes et des troupeaux. Dans les
environs de Bordeaux, des villages et des récoltes furent brûlés, sans qu'on ait pu attribuer
à cet incendie d'autre cause que la volonté de
Dieu. La ville d'Orléans fut aussi la proie d'un
incendie tellement violent, que les plus riches
ne purent rien sauver des flammes; et si quel-

ques-uns parvinrent à leur arracher quelque chose, ces objets devinrent la proie des voleurs.

A tant d'affreuses calamités, succéda une maladie terrible. Pendant que les rois étaient divisés, et qu'ils se préparaient de nouveau à la guerre civile, une espèce de dyssenterie se répandit dans presque toute la Gaule. Ceux qui en étaient attaqués étaient tourmentés d'une fièvre violente, accompagnée de vomissements ; ils éprouvaient une grande douleur de reins, et une pesanteur de tête accablante. Ce qu'on rendait par la bouche était jaune ou verdâtre ; bien des personnes pensaient que c'était un poison secret, et le vulgaire l'appelait *le feu de Saint-Antoine.* Ce qu'il y a de certain, c'est que quand on appliquait des ventouses aux épaules ou aux jambes, les ampoules qui en provenaient rendaient une matière purulente. Ce remède suffisait souvent pour guérir les malades, et les herbes, qu'on emploie ordinairement pour contre-poison, prises en décoction, produisaient un grand soulagement. Cette maladie commença au mois d'août; elle attaqua d'abord les petits enfants, et en fit périr un grand nombre. Nous perdîmes dans cette circonstance nos chers et bien-aimés petits enfants que nous avions portés dans nos bras, que nous avions élevés et nourris avec tant de soin; mais essuyant nos larmes, nous nous écriâmes avec Job : « *Le Seigneur nous les a donnés, le*

Seigneur nous les a enlevés. Que sa sainte volonté s'accomplisse, et que son nom soit béni à jamais! * »

En ces jours-là, le roi Chilpéric, atteint de cette maladie, tomba en danger de mort. Il commençait à se rétablir, quand le plus jeune de ses fils, qui n'avait pas encore été baptisé, tomba malade. Le voyant à l'extrémité, on le baptisa ; il y eut alors quelque relâche, mais en ce moment son frère aîné, nommé Clodebert, fut surpris des mêmes souffrances et menacé de la même mort. En voyant le péril qui menaçait ses enfants, Frédégonde fut agitée d'un repentir tardif. Elle alla vers le roi, et lui dit : « Longtemps la bonté divine nous a supportés, malgré nos péchés. Mais voilà que sa main s'est appesantie sur nous, et nous n'avons pas écouté les avertissements qu'il nous a donnés par tant de maladies et de calamités. Nous allons perdre nos fils ; ce sont les larmes des pauvres, les lamentations des veuves, les soupirs des orphelins qui tuent nos enfants. Pour qui thésaurisons-nous désormais ? Ces trésors que les rapines et les malédictions ont remplis vont manquer de possesseurs. Nos celliers regorgent de vin, nos greniers croulent sous le poids du froment ; l'or, l'argent, les pierres précieuses abondent dans notre trésor ; et voilà que nous allons perdre ce

* Job, chap. 1. v. 31.

que nous avons de plus précieux. Venez, je vous
en prie; brûlons ces registres de malheur et
d'oppression, et contentons-nous de ce qui a
suffi au roi Clotaire notre père. » Tout en parlant ainsi, la reine se frappait la poitrine; elle se
fit apporter les rôles des villes dont le revenu lui
était assigné, et que Marc avait envoyés; elle les
jeta au feu, et s'adressant au roi : « Qu'attendez-
vous, lui dit-elle? Faites ce que vous me voyez
faire, afin du moins que si nous perdons nos
enfants, nous échappions aux supplices éter-
nels. » Le roi ne résista plus; il fit brûler tous les
registres, et donna des ordres pour supprimer à
l'avenir ce genre d'impôts.

Cependant le plus jeune de leurs enfants, af-
faibli par ses souffrances, expira. On le porta,
en grand deuil, de Braine à Paris, et il fut enterré dans la basilique de Saint-Denis.

On mit Clodebert dans une litière, et on le
transporta à Soissons, dans la basilique de Saint-
Médard. Le roi et la reine firent des vœux pour
lui, en le plaçant devant le tombeau du saint.
Mais l'enfant, dont le corps était déjà épuisé et
presque sans vie, expira au milieu de la nuit. Ils
lui firent donner la sépulture dans l'église de
Saint-Crépin et Saint-Crépinien. Le convoi était
composé d'hommes et de femmes vêtus d'habits
de deuil, qui se frappaient la poitrine, et pous-
saient des cris de douleur, comme s'ils eussent
assisté aux funérailles de leurs plus proches pa-

. Le roi Chilpéric fit en cette occasion de
ls présents aux églises, et de grandes au-
:s aux pauvres.

ns le même temps, la reine Austrégilde,
1e du roi Gontran, mourut de la même ma-
; mais avant d'expirer, cette méchante
1e, voyant qu'elle ne pouvait échapper à la
', et qu'elle était sur le point de rendre le
er soupir, ne voulut pas mourir seule, et
a que d'autres funérailles accompagnassent
ennes. Remplie de l'esprit qui animait Hé-
, elle appela le roi et lui dit : « Je devais
! encore longtemps, si je n'avais été tuée par
élératesse des médecins. Ce sont leurs re-
:s qui m'ont ôté si promptement la vie. C'est
quoi, ne voulant pas mourir sans être ven-
je vous prie, et je veux que vous juriez par
1ent, de les faire périr par le glaive, aussitôt
je serai morte. » Le roi eut la faiblesse de
r, et la reine rendit à l'instant son âme per-
e. Les funérailles terminées, il se crut obligé
onscience d'accomplir l'engagement inique
;on épouse lui avait fait contracter. Les deux
:eins qui avaient soigné la reine pendant sa
die, furent mis à mort par l'ordre de Gon-
la peur du parjure le fit meurtrier.

rès la mort de leurs fils, Chilpéric et Fré-
nde, accablés de chagrin, se retirèrent pen-

que nous avons de plus précieux. Venez, je
en prie ; brûlons ces registres de malhe
d'oppression, et contentons-nous de ce (
suffi au roi Clotaire notre père. » Tout en
lant ainsi, la reine se frappait la poitrine ; e
fit apporter les rôles des villes dont le rever
était assigné, et que Marc avait envoyés ; el
jeta au feu, et s'adressant au roi : « Qu'atte
vous, lui dit-elle ? Faites ce que vous me `
faire, afin du moins que si nous perdon:
enfants, nous échappions aux supplices
nels. » Le roi ne résista plus ; il fit brûler to
registres, et donna des ordres pour supprit
l'avenir ce genre d'impôts.

Cependant le plus jeune de leurs enfants
faibli par ses souffrances, expira. On le p(
en grand deuil, de Braine à Paris, et il fui
terré dans la basilique de Saint-Denis.

On mit Clodebert dans une litière, et o
transporta à Soissons, dans la basilique de S
Médard. Le roi et la reine firent des vœux `
lui, en le plaçant devant le tombeau du s
Mais l'enfant, dont le corps était déjà épui
presque sans vie, expira au milieu de la nui
lui firent donner la sépulture dans l'églis
Saint-Crépin et Saint-Crépinien. Le convoi
composé d'hommes et de femmes vêtus d'h
de deuil, qui se frappaient la poitrine, et `
saient des cris de douleur, comme s'ils eu
assisté aux funérailles de leurs plus proche

rents. Le roi Chilpéric fit en cette occasion de grands présents aux églises, et de grandes aumônes aux pauvres.

Dans le même temps, la reine Austrégilde, femme du roi Gontran, mourut de la même maladie ; mais avant d'expirer, cette méchante femme, voyant qu'elle ne pouvait échapper à la mort, et qu'elle était sur le point de rendre le dernier soupir, ne voulut pas mourir seule, et désira que d'autres funérailles accompagnassent les siennes. Remplie de l'esprit qui animait Hérode, elle appela le roi et lui dit : « Je devais vivre encore longtemps, si je n'avais été tuée par la scélératesse des médecins. Ce sont leurs remèdes qui m'ont ôté si promptement la vie. C'est pourquoi, ne voulant pas mourir sans être vengée, je vous prie, et je veux que vous juriez par serment, de les faire périr par le glaive, aussitôt que je serai morte. » Le roi eut la faiblesse de jurer, et la reine rendit à l'instant son âme perverse. Les funérailles terminées, il se crut obligé en conscience d'accomplir l'engagement inique que son épouse lui avait fait contracter. Les deux médecins qui avaient soigné la reine pendant sa maladie, furent mis à mort par l'ordre de Gontran ; la peur du parjure le fit meurtrier.

Après la mort de leurs fils, Chilpéric et Frédégonde, accablés de chagrin, se retirèrent pendant le mois d'octobre, dans le château situé au milieu de la forêt de Villers-Cotterets. La reine détermina son mari à envoyer son fils Clovis à Braine; elle espérait qu'il n'échapperait pas à la mort, car la maladie qui avait fait mourir les jeunes princes ses frères, y régnait alors avec une violence extrême. Mais la contagion l'épargna, et il ne fut nullement incommodé.

Le roi vint ensuite à Chelles, bourgade des environs de Paris; quelques jours après son arrivée dans cette résidence, il rappela Clovis auprès de lui.

Je vais raconter maintenant comment mourut ce jeune prince. Pendant qu'il était à Chelles avec son père, il tenait des discours imprudents, et laissait échapper des paroles indiscrètes et présomptueuses : « Que la mort de ses frères lui assurait la royauté sans partage; que la Gaule tout entière lui serait soumise; que son empire y serait sans bornes et universel; que ses ennemis tombaient enfin dans ses mains, et que leur sort dépendrait de sa volonté. » Allant même encore plus avant, il nommait ouvertement sa belle-mère Frédégonde, et lui prodiguait les reproches et les diffamations. La reine apprit ces propos; elle en fut effrayée, et elle résolut de prévenir l'effet de ces menaces.

Quelques jours après, quelqu'un à qui ce rôle avait sans doute été confié, vint trouver la reine avec un feint empressement, et lui dit : « O reine, si tu as perdu tes enfants, tu ne dois imputer ce malheur qu'au crime de Clovis. Il aime une de tes femmes, dont la mère adonnée à la magie, a fait mourir tes enfants par ses maléfices. Je te donne cet avertissement dont tu pourras profiter, car tu ne dois pas espérer un meilleur sort que celui qu'on a fait subir à tes enfants. »

Aussitôt Frédégonde, feignant d'être frappée de crainte, mais étant plutôt enflammée de fureur, fait saisir la jeune fille sur laquelle Clovis avait jeté les yeux. Elle la fait dépouiller, la fait battre de verges, lui fait couper les cheveux qu'elle avait fort beaux. Ensuite elle attache cette longue chevelure au bout d'une perche, et la fait planter en face du logement de Clovis. La mère de cette jeune fille fut aussitôt jetée en prison, puis livrée à la torture, et la violence des tourments lui arracha l'aveu que l'accusation portée contre elle était vraie.

Frédégonde accourut aussitôt auprès de Chilpérie; tour à tour humble et hautaine, suppliant et commandant à la fois, elle obtint d'être vengée de Clovis. Le roi partit pour la chasse, et envoya dire à Clovis de venir le rejoindre. Quand le jeune prince arriva, les ducs Didier et Bobon, selon l'ordre qu'ils en avaient reçu, se précipitèrent sur lui, et le désarmèrent. Ensuite on lui ôta ses habits; on lui en donna de grossiers; on le chargea de liens, et on le conduisit ainsi à la reine.

Frédégonde le retint trois jours en prison, essayant si par artifice, elle ne pourrait pas en arracher quelque aveu qui donnât plus de force à l'accusation. Mais le prince nia avec indignation et persévérance, seulement il fit connaître un grand nombre d'amis dont il s'était ménagé l'affection.

Les trois jours écoulés, Frédégonde le fit charger de chaînes et transporter au-delà de la Marne, dans la ville de Nogent. Dès qu'il fut arrivé dans la prison où il devait être gardé, on lui plongea un couteau dans le cœur, et on l'enterra à l'endroit même où il avait été tué. Cependant des messagers vinrent annoncer au roi que son fils s'était lui-même percé le cœur, ajoutant que le couteau dont il s'était frappé était encore dans la plaie. Trompé par ces rapports, Chilpéric ne versa pas une larme sur celui qu'il avait pour ainsi dire livré à la mort à l'instigation de la reine. Tous ceux qui lui avaient été attachés furent recherchés et poursuivis de tous côtés. Sa mère Audovère, enfermée au Mans, dans un couvent, fut arrachée de cet asile, et mise à mort au milieu des supplices. Sa sœur, Childérinde, fut conduite dans un monastère par les pages de la reine; on la fit changer de vêtements, et on l'enferma dans ce couvent où elle est encore. Tous les trésors de ces deux princesses furent confisqués au profit de la reine.

La femme à qui la torture avait arraché des

paroles accusatrices contre Clovis, fut condam-
née à être brûlée. En allant au supplice, la malheureuse protestait de son innocence et de celle
de Clovis, en disant que ses prétendus aveux
n'étaient que des mensonges. Mais ses protesta-
tions furent vaines; on la lia à un poteau, et elle
fut brûlée vive. Le trésorier de Clovis fut arrêté
à Bourges par Cappan, comte des écuries du
roi, garrotté et amené à la reine. Il allait être
exposé à différents supplices, lorsqu'à ma prière,
la reine lui fit grâce.

Dans le même temps, Chilpéric rendit un décret par lequel il ordonnait que la Sainte-Trinité
fût simplement appelée Dieu, sans distinction
des personnes, disant qu'il était indigne de donner à Dieu un nom de personne comme à un
homme de chair, et affirmant que la personne
du Fils était la même que celle du Père, et celle
du Saint-Esprit, la même que celle du Père et du
Fils; qu'ainsi l'avaient cru les patriarches et les
prophètes, qu'ainsi l'avait déclaré la loi. Il me
fit lire ce décret, et me dit ensuite : « J'entends
que ce soit là désormais la règle de ta foi et de
celle des autres docteurs. » Je lui répondis : « O
roi, abandonnez une telle croyance, et suivez ce
que nous ont enseigné les apôtres, et après eux
les docteurs de l'Église; ce qu'Hilaire et Eusèbe
nous ont appris, ce que vous avez confessé vous-
même dans votre baptême. Prenez garde de

tomber dans l'hérésie, et soyez bien convaincu que la personne du Père est autre que la personne du Fils, autre que la personne du Saint-Esprit. Ce n'est ni le Père, ni le Saint-Esprit qui s'est fait homme, mais le Fils; c'est le Fils de Dieu qui, pour la rédemption du genre humain, a voulu naître d'une vierge. Ce n'est pas le Père qui a souffert, ni le Saint-Esprit, c'est le Fils. En ce que vous dites des personnes, il ne le faut point entendre corporellement, mais spirituellement. Ces trois personnes réunissent en elles une même gloire, une même éternité, une même puissance. » Le roi mécontent me dit : « Je ferai voir mon décret à des gens plus sages que toi, qui s'accorderont à mon opinion. » Et il me quitta tout irrité.

Quelques jours après, arriva Salvius, évêque d'Albi; il commanda qu'on lui lût son décret, en le priant de se ranger de son avis. Mais l'évêque fut tellement indigné, que s'il eût tenu le papier sur lequel était écrit ce décret, il l'aurait mis en pièces. Dès lors le roi abandonna son dessein.

Chilpéric écrivit des livres de poésie, à la manière de Sédulius; mais les règles de la versification et de la mesure y sont à chaque instant violées. Il lui prit aussi fantaisie d'ajouter des lettres à notre alphabet; ce sont l'ω, des Grecs, puis ae, the, wi, qui devaient être représentés par les caractères suivants : Ω, Ψ, z, Π. Il envoya des

ordres dans toutes les villes, pour qu'on en mon-
trât l'usage aux enfants ; il voulut qu'on effaçât
avec de la pierre ponce tous les anciens manuscrits, pour en faire d'autres copies, où seraient
employés les nouveaux signes.

FIN DU QUATRIÈME CHAPITRE.

CHAPITRE V.

SOMMAIRE.

Retour des ambassadeurs envoyés à Constantinople. — Alliance des grands d'Austrasie avec Chilpéric. — Les grands d'Austrasie attaquent Lupus, duc de Champagne. — Brunehault se précipite au milieu des deux armées et empêche le combat. — Gondulphe reprend la portion de la ville de Marseille dont s'était emparé Gontran, au préjudice de Childebert II. — Expédition de Didier contre Gontran. — Grandes inondations. — Baptême de Juifs. — Attaque du pont d'Orge. — Naissance d'un fils de Chilpéric. — Commencement de l'histoire de Gondovald. — Gontran-Boson est accusé d'avoir ramené Gondovald. — Il offre de livrer Mummolus pour se justifier. — Il échoue dans cette entreprise. — Le roi Chilpéric se rend à Paris. — Nouvelle députation et nouvelle alliance de l'Austrasie avec Chilpéric. — Guerre civile. — Chilpéric accorde sa fille Rigonthe en mariage à Récarède, fils du roi des Goths. — Mort de l'enfant de Chilpéric. — Douleur et fureur de Frédégonde. — Elle accuse Mummolus d'avoir fait mourir son enfant par des maléfices. — Mummolus est tourmenté par d'affreux supplices, et meurt des suites de la torture. — Alliance de Gontran et de Childebert II. — Crainte de Chilpéric. — Naissance de Clotaire II. — Expédition de Childebert en Italie. — Départ de Rigonthe pour l'Espagne. — Chilpéric est assassiné. — Portrait de ce prince.

La sixième année du règne de Childebert II, on lui fit rompre l'alliance qu'il avait faite avec le roi Gontran, pour en former une autre avec Chilpéric. Quelque temps après, Gogon mourut et fut remplacé par Wandelin. Mummolus * s'en-

---

* C'était ce célèbre patrice de Bourgogne qui avait remporté tant de victoires sur les Lombards et les Saxons, et sur les ennemis de Gontran.

fuit des états de Gontran, et se retira à Avignon.

Un conseil d'évêques s'assembla à Lyon; il ter-mina plusieurs sujets de discussion, condamna quelques ecclésiastiques qui négligeaient leurs devoirs, puis s'occupa d'un grand nombre d'af-faires relatives à la fuite de Mummolus, et aux dissensions qui régnaient alors.

Cependant les ambassadeurs que le roi Chil-périe avait envoyés trois ans auparavant à l'em-pereur Tibère, revinrent, non sans avoir éprouvé de grands malheurs et de grandes fatigues. N'ayant osé aborder à Marseille à cause de la discorde qui régnait entre les rois Francs, ils voulurent entrer à Agde, ville qui dépendait du royaume des Goths *. Mais avant d'atteindre le port, leur navire, poussé par la violence du vent, fut jeté à la côte et brisé sur les écueils. Les ambassadeurs et les gens de leur suite voyant le danger, saisirent des planches à l'aide des-quelles ils tentèrent de gagner le rivage. Plu-sieurs de leurs serviteurs périrent, mais le plus grand nombre échappa. Les habitants du pays pillèrent les objets que les flots rejetaient sur la côte; ils recouvrèrent cependant les effets les plus précieux qu'ils apportèrent au roi Chilpéric, mais les habitants d'Agde en gardèrent une grande quantité.

Je me trouvais alors à Nogent où j'étais allé

---

* Voir plus bas la cause de cette discorde, page 139.

voir le roi. Il me montra un grand bassin d'or,
orné de pierres précieuses qu'il avait fait faire, et
qui pesait cinquante livres, et il me dit : « J'ai
fait faire ceci pour l'honneur et la gloire de la
nation des Francs. Je ferai bien d'autres choses.
encore si Dieu me prête vie. » Il me fit voir en
même temps des pièces d'or, chacune du poids
d'une livre ; c'était un présent de l'empereur.
Ces pièces portaient d'un côté l'effigie de l'em-
percur. avec ces mots à l'entour, *TYBERII.*
CONSTANTINI. PERPETVI. AVGVS-
TI ; de l'autre côté était représenté un char
traîné par quatre chevaux, et conduit par un
homme monté sur le char, avec cette inscrip-
tion, *GLORIA ROMANORVM*. Il me mon-
tra aussi plusieurs autres objets précieux que les
ambassadeurs lui avaient apportés.

Tandis que Chilpéric se trouvait encore dans
cette ville, Egidius évêque de Reims vint en députation auprès du lui, avec les principaux seigneurs du royaume de Childebert II, pour faire
alliance avec lui, dans l'intention de s'emparer
du royaume de Gontran. « Mes fils, leur dit le
roi, m'ont été enlevés en punition de mes péchés, et il ne me reste point d'autre héritier
que le roi Childebert, le fils de mon frère Sigebert ; qu'il soit donc reconnu pour mon successeur dans tout ce que je possède, ou que je
pourrai conquérir ; mais aussi qu'on me laisse
autant que je vivrai, garder sans contrôle et sans

scrupule tout ce que je possède, ou que je pourrai acquérir. » Les Grands d'Austrasie le remercièrent, signèrent le traité * et revinrent auprès
de Childebert II, comblés de présents. Après
leur départ, Chilpéric envoya auprès de son
neveu l'évêque Leudowald, accompagné des
Grands de son royaume. Ils donnèrent et reçurent le serment de la paix, confirmèrent le traité
d'alliance, et revinrent avec de grands présents.

Lupus, duc de Champagne, avait été exposé
à de fréquentes attaques de la part des Grands
d'Austrasie. Ses principaux ennemis étaient Ursion et Bertefried, qui se réunirent pour le faire
périr, et firent marcher une armée contre lui.
La reine Brunehault voyait avec douleur le
danger qui menaçait un serviteur fidèle. (Car
c'était cette fidélité au roi et à la reine qui avait
attiré à Lupus la haine des seigneurs Austra-

---

* Ce traité avait pour objet de dépouiller Gontran de son
royaume, qui aurait passé à Chilpéric, et seulement après la
mort de celui-ci à Childebert II. Cette alliance, si contraire à
celle du Pont-de-Pierre, village entre Lamothe et Neufchâteau,
était l'ouvrage des grands d'Austrasie qui gouvernaient cet
état depuis la minorité de Childebert II. Oubliant que le père
de leur roi avait été assassiné par ordre de l'épouse de Chilpéric, et que Gontran avait adopté l'orphelin, ils ne virent
que l'avantage qui résulterait d'une telle alliance. En effet,
depuis que Chilpéric avait perdu tous ses enfants, Childebert II paraissait devoir survivre seul à toute la race royale ;
mais en restant allié de Gontran, il courait risque de perdre
le royaume de Soissons, tandis qu'en s'alliant avec le roi de
Soissons il était sûr de réunir les trois royaumes. Mais l'événement déjoua tous ces calculs, et ce fut un fils de Chilpéric,
qui n'était pas encore né, qui réunit sous son sceptre toute
la monarchie des Francs.

siens, chargés de la régence). On allait en venir
aux mains quand tout à coup la reine elle-même,
à cheval, en habit de guerre, se précipite au
milieu des bataillons, et s'écrie : « Arrêtez, ô
guerriers, n'allez pas commettre une action si
coupable; cessez de poursuivre un homme innocent. Voulez-vous pour lui seul couvrir le
royaume entier de désolation ? » Quand elle eut
parlé, Ursion lui répondit : « Eloigne-toi de nous,
ô femme ! qu'il te suffise d'avoir gouverné ce
royaume pendant le règne de ton mari. Aujour-
d'hui que ton fils règne, ce n'est pas ta protection, mais la nôtre qui fait ton salut. Eloigne-
toi, si tu ne veux que les pieds de nos chevaux
t'écrasent contre la terre. » La reine ne se rebuta
point; elle finit à force d'adresse et de prières,
par empêcher le combat; mais ce qu'elle ne put
empêcher, c'est que les ennemis de Lupus ne se
jetassent sur ses propriétés, ravageant et pillant
ses maisons, et le menaçant de lui arracher la
vie. Ils feignirent d'emporter au trésor royal le
butin qu'ils avaient fait, mais ils le gardèrent
pour eux.

Lupus voyant le danger qu'il courait, mit sa
famille en sûreté dans la ville de Laon, et alla
chercher un asile auprès de Gontran. Il en fut
accueilli avec bonté, et se tint caché à la cour
de Bourgogne, en attendant la majorité du roi
Childebert II.

Dans le partage qui s'était fait après la mort

Arrêtez, guerriers, n'allez pas, pour un seul homme,
couvrir le Royaume de désolation.

du roi de Paris, Marseille était échu à Gontran et à Sigebert. Chacun de ces princes en devait avoir la moitié. Quand Sigebert eut péri, Gontran profitant de la confusion qui régnait alors, s'empara de la seconde moitié, et mit la ville entière sous sa domination. Après l'alliance faite entre Chilpéric et les seigneurs Austrasiens, ceux-ci sommèrent Gontran de leur rendre la moitié de la ville de Marseille qui appartenait à leur royaume. Gontran refusa, et secondé par Dynamius qu'il avait nommé gouverneur de cette ville, il résista quelque temps. Théodore, évêque de cette ville, était du parti de Childebert. Dynamius qui craignait d'en être trahi, lui tendait continuellement des embûches. Il était même secondé par le clergé de Marseille, qui s'était séparé de son évêque et voulait faire prononcer sa déposition. Un jour, ayant découvert que Théodore allait se retirer auprès du roi d'Austrasie, le gouverneur l'arrêta au milieu de la ville, et l'accabla d'outrages; cependant il n'osa le retenir et lui laissa la liberté. L'évêque continua son voyage, et, malgré les ordres que Gontran avait donnés pour l'arrêter en route, il arriva auprès de Childebert.

Ce prince, ou plutôt le conseil de régence avait fait choix de Gondulphe, qui de simple officier de la maison du roi avait été élevé au rang de duc, pour aller à Marseille reprendre possession de la partie de cette ville qui appar-

tenait à l'Austrasie. Gondulphe ne pouvant traverser la Bourgogne, dont toutes les routes lui
étaient interdites, fut obligé de passer par Tours
où je l'accueillis avec plaisir, car il était oncle
de ma mère; je le retins pendant cinq jours,
après lesquels il me quitta pour aller remplir sa
mission.

L'évêque Théodore s'était réuni à Gondulphe;
mais arrivés aux portes de Marseille, Dynamius
ne permit ni à l'un ni à l'autre d'entrer dans la
ville. Cependant ils lui proposèrent une conférence, qui devait avoir lieu dans l'église de
Saint-Etienne, à quelque distance de la ville.
Dynamius accepta, et vint accompagné d'une
nombreuse escorte. Mais quand il fut entré dans
l'église, les serviteurs de l'évêque en fermèrent
aussitôt les portes, et les soldats de son escorte
ne purent entrer avec lui. Dynamius ne soupçonnant rien, l'entretien se prolongea quelque
temps au pied de l'autel, puis ils entrèrent dans
la sacristie. A peine introduits, on se précipita
sur Dynamius qui fut promptement désarmé et
mis sans défense. Les soldats restés en dehors
entendant du bruit essayèrent de venir à son
secours; mais Gondulphe suivi de quelques-uns
des siens, sortit, les repoussa et les mit en fuite.
Aussitôt il envoya prévenir les anciens de la
ville, de venir se réunir à leur évêque pour y
rentrer ensemble.

Dynamius voyant ces choses, se soumit, pria

le duc et l'évêque de lui pardonner ; il fit à Gondulphe de nombreux présents ; il jura fidélité,
sur l'autel, à Théodore et au roi Childebert. Le
serment reçu, on lui rendit ses vêtements et ses
armes, et tout aussitôt on se mit en route pour
Marseille. Le peuple alla au-devant de Gondulphe et de Théodore, avec des drapeaux, et les
reçut avec d'unanimes acclamations.

Gondulphe après avoir rétabli l'autorité de
Childebert dans la ville, et replacé l'évêque sur
son siége, retourna en Austrasie.

Dynamius oublia bientôt le serment qu'il avait
fait. Il envoya des messagers au roi Gontran,
pour lui dire que l'évêque lui enlèverait bientôt
la partie même de la ville qui lui appartenait
légitimement, et que jamais il ne jouirait paisiblement de ce domaine tant qu'on y laisserait
Théodore. Gontran irrité donna aussitôt des
ordres pour le faire arrêter. Mais il était difficile
d'exécuter cet ordre au milieu de la ville. Advint
le jour que devait être célébrée la dédicace d'une
église nouvelle bâtie dans la campagne à quelque distance. Cette fête parut à Dynamius une
occasion favorable. Il plaça dans un lieu couvert, une embuscade d'hommes armés, et quand
l'évêque parut, on fondit sur lui, on dispersa ceux
qui le suivaient, on le chargea de liens, et sans
permettre à aucun des siens de l'accompagner on
le conduisit au roi de Bourgogne. Ce prince, sitôt
qu'il l'eut entendu, reconnut la fausseté de l'accu-

sation, et lui permit de retourner dans sa ville épiscopale, où il fut reçu par le peuple avec les plus éclatantes marques de joie. Cet événement contribua à entretenir l'inimitié que la rupture dé l'alliance avait fait naître entre Gontran et son neveu, et ils cherchaient mutuellement à se tendre des embûches.

Chilpéric voyant la querelle engagée entre son frère et son neveu, donna ordre au duc Didier, d'attaquer les états de son frère, et de lui causer quelque dommage. Aussitôt Didier marche avec une armée contre Ragnowald (duc de l'Aquitaine bourguignonne) le met en fuite, s'empare de Périgueux, en exige serment de fidélité au roi Chilpéric, et se dirige sur Agen. La femme de Ragnowald apprenant la défaite de son mari et la soumission de ces deux villes, se retira dans l'église du saint martyr Capressius. Mais elle fut arrachée de cet asile, dépouillée de ce qu'elle possédait, séparée de ses serviteurs, et obligée de donner caution pour obtenir sa liberté; alors elle se retira à Toulouse, où elle se réfugia dans l'église de saint Saturnin.

Didier enleva au roi Gontran toutes les villes qu'il possédait dans cette province, et les soumit à l'obéissance de Chilpéric.

Le duc Berulphe apprenant que ceux du Berry menaçaient la Touraine, se porta sur les frontières de cette province pour la préserver.

Le duc Bladaste fut envoyé en Gascogne; mais il y perdit la plus grande partie de son armée. *

La septième année du règne de Childebert II, et la vingtième de celui de Chilpéric et de Gontran, il y eut au mois de janvier des pluies extraordinaires, accompagnées de tonnerre et d'éclairs; on vit des fleurs aux arbres; il parut une comète remarquable par son éclat, et par la longueur de sa chevelure, qui ressemblait aux flammes d'un grand incendie aperçu de loin. Il y eut cette année-là de graves maladies sur le peuple; on dit que la ville de Narbonne fut attaquée d'une peste qui y exerça de cruels ravages.

Cette même année le roi Chilpéric commanda qu'on baptisât un grand nombre de Juifs, et il en tint lui-même plusieurs sur les fonts. Mais beaucoup ne furent baptisés que de corps et non pas de cœur; ils revinrent bientôt à leurs habitudes de fourberie, car ils observaient réellement le sabbat, et faisaient semblant seulement d'honorer le dimanche.

Il y avait un pont sur la rivière d'Orge qui confinait aux possessions de Gontran. Chilpéric avait fait occuper ce passage par une assez forte

---

* Ce passage n'est pas interprété de même par tous les historiens.

troupe de soldats, pour repousser ceux qui, du royaume de son frère, tenteraient de faire quelques incursions dans le sien. Une nuit, le duc Asclépius, l'un des capitaines du roi de Bourgogne, vint les assaillir, les accabla, les tua tous, et ravagea toute la campagne voisine du pont. Chilpéric informé de cette nouvelle, envoya sur-le-champ des messagers à ses ducs, à ses comtes, et à ses autres officiers, pour leur ordonner de rassembler une armée, et de porter la guerre contre son frère. Mais il fut détourné de ce projet par l'avis de ses plus sages conseillers qui lui firent observer que si l'on en avait mal agi à son égard, c'était à lui à se conduire avec modération. On obtint de lui qu'il enverrait d'abord vers Gontran afin de savoir s'il désavouait ce qui avait été fait, et s'il consentait à donner satisfaction. Gontran accorda toutes les réparations exigées, et la bonne intelligence parut rétablie entre les deux frères.

Malgré cette paix apparente, Chilpéric n'en conserva pas moins les villes qu'il avait enlevées à son frère ; il y établit de nouveaux comtes, et en perçut tous les impôts.

Chilpéric, après avoir été privé de tous ses enfants, eut enfin un fils qui fut nommé Théodoric. Pour célébrer sa naissance, le roi rendit la liberté à tous ceux à qui des gardes étaient imposés, rendit la liberté aux prisonniers, et réunit toutes les anciennes dettes envers le fisc. Mais cet enfant devint plus tard la cause innocente de grands malheurs et de grandes trahisons.

En ces jours-là, l'évêque de Marseille Théodore fut exposé à de nouvelles attaques, par suite de l'arrivée en cette ville de Gondovald (ou Gondobald) qui se disait fils du roi Clotaire Ier. Il venait de Constantinople; mais il est à propos de dire quelques mots de son origine avant de continuer ce récit. Il était né dans la Gaule; il avait été élevé avec le plus grand soin. Une longue chevelure, selon l'usage de ceux qui sont de la race des rois Francs, tombait sur ses épaules. On cultiva son esprit; on lui enseigna les lettres. Enfin, après quelques années, sa mère le présenta au roi de Paris, Childebert Ier, en lui disant : « Voilà ton neveu; c'est le fils de ton frère Clotaire; son père l'avait pris en haine, mais reçois le, car il est de ta chair. » Childebert, qui n'avait pas d'enfants, l'accepta et le retint près de lui.

Cette nouvelle fut portée au roi Clotaire ; il envoya des messagers à son frère, demandant que l'enfant fût mis en ses mains. Childebert ne fit aucune difficulté, et remit l'enfant aux envoyés de Clotaire. Celui-ci lui fit aussitôt couper la chevelure, et nia publiquement qu'il fût né de lui.

Après la mort de Clotaire, Charibert, roi de Paris, recueillit l'enfant; mais Sigebert le réclama, et il lui fut livré. Celui-ci lui fit couper une seconde fois les cheveux, et l'exila dans la ville de Cologne.

Mais il parvint à s'échapper, laissa de nouveau croître sa chevelure, et se retira auprès de Narsès, qui gouvernait alors l'Italie. Il se maria dans ce pays, et eut des enfants. Il se rendit ensuite à Constantinople où il demeura plusieurs années; il fut reçu avec bienveillance par les empereurs qui se succédèrent dans cet intervalle de temps. * Enfin quelqu'un le sollicita à revenir dans la Gaule; il céda aux instances qui lui furent faites, s'embarqua, et descendit à Marseille. Il y fut accueilli par l'évêque Théodore qui lui fournit des chevaux pour se rendre auprès de Mummolus, alors gouverneur d'Avignon pour Childebert II.

Mais après le départ de Gondovald, le duc Gontran-Boson fit saisir l'évêque Théodore; lui reprochant d'avoir introduit un étranger dans les Gaules, et d'avoir voulu, par ce moyen, soumettre les royaumes Francs à la domination de l'empereur. Mais l'évêque produisait, pour sa défense, une lettre signée de la main des grands du roi Childebert, par laquelle il prouvait qu'il n'avait point agi de son chef, mais qu'il n'avait

---

* Justin, Tibère et Maurice.

fait qu'obéir aux ordres de ceux qui avaient droit de lui commander et qui étaient ses seigneurs. Cependant on le retint dans une chambre, sans lui permettre d'approcher de son église. Il fut ensuite conduit au roi Gontran, avec l'évêque Epiphane * qui demeurait alors à Marseille où il s'était réfugié pour se soustraire aux poursuites des Lombards. Epiphane était accusé d'être complice de Théodore.

Après avoir été l'un et l'autre examinés par le roi, on ne les trouva coupables d'aucun crime. Cependant le roi leur donna des gardes, et ne leur rendit pas leur liberté ; pendant cette espèce de captivité, l'évêque Epiphane mourut, après avoir beaucoup souffert. Gondovald s'était retiré dans une île de la mer Méditerranée, pour attendre les événements. Gontran-Boson partagea avec un des ducs du roi Gontran, tous les trésors de Gondovald, et il emporta avec lui en Auvergne une énorme quantité d'or, d'argent et d'autres objets précieux.

La huitième année du règne de Childebert II, le trente-un janvier, un dimanche, à l'heure où l'on venait de sonner les matines, et au moment où le peuple se rendait en foule à l'église, on vit à Tours, par un temps sombre et pluvieux,

---

* Grégoire de Tours ne dit pas de quelle ville il était évêque ; mais le père Le Comte pense avec assez de vraisemblance que c'était de Fréjus.

un énorme globe de feu tomber du ciel et traverser les airs. Il jetait un tel éclat qu'on pouvait apercevoir tous les objets, comme en plein jour; puis s'enfonçant de nouveau dans les nuages, il fit place à l'obscurité la plus grande. Il y eut des inondations extraordinaires, la Seine et la Marne se répandirent dans les environs de Paris, au point qu'il arriva plusieurs naufrages entre la ville et l'église de Saint-Laurent.

Gontran-Boson, après avoir déposé ses trésors en Auvergne, alla trouver le roi Childebert. Tandis qu'il revenait de ce voyage, avec sa femme et ses fils, il fut arrêté par ordre du roi Gontran, qui lui reprocha d'avoir attiré Gondovald dans la Gaule, et d'avoir, dans ce dessein, fait quelques années auparavant le voyage de Constantinople. Gontran-Boson répondit pour se justifier : « C'est le duc Mummolus qui l'a appelé et qui l'a reçu dans la ville d'Avignon. Permets que je t'amène Mummolus lui-même ; tu l'entendras et je serai disculpé. » — « Je ne le permettrai pas, répliqua le roi ; et tu subiras la peine due à ton crime. » Jugeant que le roi avait résolu sa mort, Boson reprit aussitôt : « Voilà mon fils ; prends-le pour otage des promesses que je fais à mon roi. Si je ne t'amène pas Mummolus, tu te vengeras sur mon fils. » Alors le roi accepta l'otage, et permit l'expédition.

Le duc aussitôt rassembla des troupes dans

l'Auvergne et dans le Velay, et les mena contre
Avignon. Mais Mummolus, averti de ses desseins,
lui avait préparé des piéges pour se garantir de
ceux qu'il venait lui tendre. Il fit garnir de mau-
vaises barques tous les bords du Rhône, ou devaient s'embarquer les soldats de Boson. Quand
ceux-ci arrivèrent, ne soupçonnant rien, ils
montèrent sur les bateaux; mais parvenus au
milieu du fleuve, les barques s'entr'ouvrirent, et
ceux qui les montaient tombèrent dans le fleuve.
Quelques-uns s'échappèrent à la nage, d'autres
gagnèrent le rivage à l'aide des planches des bateaux submergés; mais le plus grand nombre fut
englouti dans les flots. Boson échappa, et arriva
auprès de la ville. Là, un autre piége l'attendait.
Quand Mummolus avait pris le gouvernement
d'Avignon, il avait remarqué qu'une petite partie
de la ville seulement n'était pas entourée par le
Rhône; il y avait fait creuser des fossés larges et
profonds, où les eaux furent aisément détournées.
Puis, on avait recouvert légèrement ces fossés
avec du branchage, de la terre, un peu de gazon,
de manière à tromper les yeux et à présenter
l'apparence d'un chemin solide. Lorsque Boson
fut arrivé au pied de la ville, Mummolus élevant
la voix du haut du rempart cria : « Si Boson est
de bonne foi, qu'il approche, et m'explique sans
crainte ce qu'il a dessein de me dire. » Le duc
consentit, et s'avança, suivi seulement d'un des
siens. Arrivés aux fossés, ils y tombèrent tous les

deux; le compagnon de Boson, que le poids de sa
cuirasse entraînait, disparut, le duc, plus légèrement vêtu, surnagea quelque temps, et parve-
nant à saisir le bout d'une lance que lui tendait
un de ses soldats, il gagna le bord. Boson et Mummolus échangèrent alors quelques injures, et se
retirèrent. Gontran-Boson se vit donc dans la nécessité de faire le siége d'Avignon. Mais Childebert, irrité de cette agression, envoya promptement Gondulphe avec une armée. Celui-ci fit
bientôt lever le siége; il emmena Mummolus à
Clermont, mais peu de temps après il retourna à
Avignon.

La veille de Pâques, le roi Chilpéric alla à
Paris. Cette ville était restée indivise entre les
rois, et il avait été convenu par serment qu'aucun d'eux n'y entrerait sans la permission des
deux autres. Pour éviter la malédiction contenue
dans le serment contre celui qui l'enfreindrait,
Chilpéric entra dans la ville précédé d'une grande
quantité de reliques de saints qu'on portait devant lui. Il célébra la fête de Pâques avec de
grandes réjouissances; il fit baptiser son fils, qui
eut pour parrain Raguemode, évêque de Paris.
Il donna à l'enfant le nom de Théodoric.

Le roi Chilpéric reçut des ambassadeurs de
son neveu Childebert; à leur tête était Égidius,
évêque de Reims. Quand ils eurent été introduits, et qu'on leur eut accordé la permission de

parler, ils s'exprimèrent ainsi : « Votre neveu, le
roi notre maître, vous demande de renouveler
l'alliance que vous avez faite avec lui. Votre frère
lui refuse la paix; il lui dispute Marseille, ac-
cueille et retient tous les fugitifs de son royaume. Childebert votre neveu, vous prie de lui
garder votre foi et votre affection. » — Chilpéric
répondit : « Mon frère est coupable de beaucoup
de choses. Si mon fils Childebert examine atten-
tivement le passé, il reconnaîtra quelle part Gontran avait prise à la mort de son père. » Égidius,
reprit : « Restez donc uni avec votre neveu; alors
vous leverez une armée, et la vengeance qui vous
est due ne vous manquera point. » Chilpéric accepta; le traité se fit; on se donna mutuellement
des otages; on reçut et l'on rendit des serments.

Chilpéric, d'après ce traité, rassembla une
armée, et vint occuper les environs de Paris,
non sans porter de grands préjudices aux habitants de ce pays. Le duc Bérulphe, ayant réuni
ceux de Tours, de Poitiers, d'Angers et de Nantes, se porta sur les frontières du Berry, tandis
que Didier et Bladaste, avec toute leur armée,
attaquaient la ville de Bourges d'un autre côté,
ravageant tout le pays où ils passaient.

Chilpéric fit passer par Paris l'armée qu'il
commandait, et se rendit avec elle à Melun,
après avoir tout incendié et dévasté dans cette
contrée. Cependant l'armée de son neveu ne
l'avait pas encore rejoint, et il n'avait avec lui

que ses ducs et ses ambassadeurs. Alors il envoya ordre à ses trois ducs de pénétrer dans Bourges et de le réduire en sa puissance. Mais ceux de Bourges, avec quinze mille guerriers, marchèrent sur Château-Meillan; là, ils rencontrèrent le duc Didier, l'attaquèrent, et le combat fut si acharné qu'il y périt plus de sept mille hommes des deux armées. Après cette bataille, les trois chefs réunissant leurs armées, arrivèrent à Bourges, en commettant d'affreux ravages, tels que jamais il n'y en avait eu de pareils. Pas une maison, pas une vigne, pas un arbre ne resta sur pied; tout fut renversé, arraché, brûlé. Les églises mêmes ne furent pas à l'abri du pillage et de l'incendie.

Cependant Gontran marchait contre son frère avec une armée, mettant toute son espérance dans le jugement de Dieu. Un soir, il attaqua l'armée de Chilpéric, et en tailla en pièces la plus grande partie. Le lendemain matin, des négociations commencèrent; on promit de part et d'autre de se donner satisfaction, et que les compensations seraient réglées par les Grands et les évêques. Ces conditions acceptées, on se sépara paisiblement.

Mais le roi Chilpéric ne pouvait arrêter les déprédations auxquelles se livrait son armée; il fut obligé de faire mettre à mort le comte de Rouen, qui autorisait ces rapines. Il revint à Paris, après avoir abandonné tout le butin, et rendu la liberté aux prisonniers.

Il envoya ordre aux ducs qui assiégeaient Bourges de se retirer ; mais leurs armées en s'en allant emportèrent une telle quantité de butin, qu'on pensait qu'ils avaient enlevé tous les hommes et tous les troupeaux du pays qu'ils abandonnaient. En entrant dans la Touraine, l'armée de Didier et de Bladaste, s'y conduisit comme en pays ennemi ; son passage fut marqué par l'incendie, le pillage et le meurtre. Un grand nombre de personnes furent arrêtées, dépouillées, et relâchées ensuite. Cette calamité fut suivie d'une épizootie qui détruisit presque entièrement le bétail et les chevaux, à tel point que c'était chose extraordinaire que de rencontrer un bœuf ou un cheval.

Pendant ces événements, le roi Childebert était resté immobile avec son armée, sans prendre aucune part ni aux combats, ni aux négociations. Mais une nuit, la révolte éclata dans l'armée ; ce n'étaient d'abord que de nombreux murmures ; bientôt ce furent des clameurs et des menaces contre Égidius et les autres chefs du conseil du roi : « Otons de devant la face du roi, ces hommes qui vendent son royaume, qui livrent ses cités à la domination étrangère, et son peuple même au pouvoir d'un autre prince ! » Ce tumulte, ces vociférations et d'autres semblables durèrent toute la nuit. Le matin, les séditieux prirent les armes, et marchèrent contre les tentes du roi, avec l'intention hautement

manifestée d'en arracher l'évêque et les autres
seigneurs, et de les mettre en pièces. Égidius
effrayé, monta précipitamment à cheval et s'enfuit dans la direction de Reims. La foule le poursuivit quelque temps en lui lançant des pierres,
et l'accablant d'injures. Mais comme ils n'avaient
point leurs chevaux, l'évêque parvint à leur
échapper. Cependant, les chevaux de ceux qui
l'accompagnaient étant fatigués, Égidius poursuivit seul sa route. Sa frayeur était si grande,
qu'ayant laissé tomber une de ses bottes, il ne
prit pas le temps de la ramasser. Il arriva dans
cet état à Reims, et il ne se crut en sûreté que
quand il se vit dans ses murs.

Des ambassadeurs vinrent de nouveau d'Espagne, avec des présents, demander à Chilpéric,
suivant la convention qui avait été faite auparavant, d'accorder en mariage sa fille Rigonthe, à
Récarède, fils du roi Leuvigild. Chilpéric donna
son consentement, et, après avoir réglé toutes les
conventions relatives à ce mariage, les ambassadeurs partirent.

Mais au moment où le roi se rendait de Paris
à Soissons, un nouveau malheur vint jeter dans
sa famille le deuil et l'affliction. Le fils qu'il avait
fait baptiser l'année précédente, fut atteint de la
dyssenterie, et mourut. Ses parents accablés de
douleur revinrent à Paris, où ils le firent enterrer.
Ils envoyèrent aussitôt un messager aux ambas-

sadeurs d'Espagne, pour leur faire suspendre leur voyage, et retarder la conclusion du mariage de Rigonthe : « Comment, disait le roi, au milieu du deuil qui nous afflige, pourrais-je célébrer les noces de ma fille ? » Il aurait voulu donner à Récarède la fille qu'il avait eue d'Audovère, et qui vivait dans un monastère à Poitiers ; mais celle-ci n'y consentit pas, et sainte Radegonde, (veuve de Clotaire Ier) abbesse de ce monastère, s'y opposa de toutes ses forces, en disant qu'il serait indigne d'arracher de son couvent une jeune fille consacrée à Jésus-Christ, pour la faire rentrer dans les plaisirs du monde.

Cependant quelqu'un vint dire à la reine que l'enfant qu'elle avait perdu lui avait été enlevé par des maléfices et des enchantements. On signalait comme coupable, ou du moins comme complice de ce crime, Mummolus, préfet de sa maison. * Depuis longtemps cet homme lui était odieux. Une circonstance particulière vint encore corroborer cette accusation. Un officier de la maison du roi se trouvant à la table du préfet, s'affligeait pendant le festin, parce que son enfant qu'il chérissait était attaqué de la contagion. Mummolus lui dit alors qu'il possédait une herbe, dont la vertu était si efficace que, prise en, infusion, elle guérissait infailliblement une personne atteinte de cette maladie, quelque désespéré que fût son état.

---

* Qu'il ne faut pas confondre avec le patrice du même nom.

Instruite de ce fait, la reine ne mit plus de bornes à sa fureur. Elle fit saisir quelques vieilles femmes à Paris, ordonna qu'on les mît à la torture, et les força, à force de tourments, de s'avouer coupables. Elles déclarèrent qu'elles étaient sorcières, qu'elles avaient par leurs maléfices, donné la mort à beaucoup de personnes, et ajoutèrent enfin, qu'elles avaient pris la vie de Théodoric pour préserver celle de Mummolus. Un pareil témoignage, que la raison repousse, fut accueilli. Aussitôt la reine commanda qu'on fît mourir ces femmes par différents supplices. Les unes furent donc assommées, les autres brûlées vives, et d'autres rompues sur la roue.

Elle se retira ensuite avec le roi à Compiègne. Là, elle lui découvrit tout ce qu'elle avait rassemblé de témoignages contre Mummolus. Chilpéric le fit enlever sur-le-champ par ses pages, on le chargea de chaînes, et on l'appliqua à la torture. On le suspendit à une solive par les mains qu'on lui avait liées derrière le dos, et pendant ce supplice on l'interrogea sur les maléfices dont il était accusé. Il n'avoua rien, seulement il déclara qu'il avait pris de ces femmes des philtres magiques, dans l'espoir de gagner la faveur du roi et de la reine. Quand on le détacha de la question, il chargea un huissier de dire au roi de sa part qu'il ne ressentait aucune douleur des tourments qu'on lui avait fait souffrir. Il croyait ainsi donner une preuve de son inno-

cence, mais Chilpéric l'expliqua autrement.
« Comment douter, s'écria-t-il, que cet homme
ne soit sorcier, puisque de tels tourments ne lui
causent aucune douleur? » On l'appliqua de
nouveau à la torture ; ses membres furent étendus avec des cordes, et des bourreaux le frappèrent de leurs triples courroies, jusqu'à ce que les
forces leur manquassent à eux-mêmes. On lui
enfonça ensuite des pointes de fer sous les ongles
des mains et des pieds. Enfin, on allait lui tran-
cher la tête; déjà l'épée était levée, et prête à
frapper, quand Frédégonde lui fit grâce de la vie;
mais cette grâce était plus cruelle et plus humi-
liante que la mort même. On confisqua tout ce
qu'il possédait, puis on le plaça sur un chariot
pour le transporter à Bordeaux, sa patrie. Dans
la route il faillit être suffoqué par le sang, et il
mourut peu de temps après être arrivé à sa des-
tination.

La reine rassembla tout ce qui avait composé le
trésor de son fils Théodoric, elle brûla tous les vêtements qui lui avaient appartenu, en soie, en
étoffes précieuses, ou en fourrure. On dit qu'il y en
avait la charge de quatre chariots. Quand aux bijoux d'or et d'argent, elle les fit fondre en lingots,
afin qu'il ne lui restât rien de ce qui pouvait lui
rappeler une perte si douloureuse.

En ce temps-là, Leuvigild, roi d'Espagne (des
Visigoths), envoya à Chilpéric un ambassadeur

nommé Oppila, avec des présents. Il craignait que Childebert II ne fit marcher une armée contre lui, pour venger l'injure faite à sa sœur Ingonde, dont le mari Herménégild, fils de Leuvigild, avait été arrêté par son père, et qui était elle-même restée au pouvoir des Grecs qui se trouvaient alors en Espagne. *

Chilpéric apprit bientôt que son frère Gontran avait fait la paix avec leur neveu Childebert, et qu'ensemble ils se préparaient à lui enlever toutes les villes dont il s'était lui-même emparé dans les états de son frère. Inquiet de cette coalition, il se retira à Cambrai avec tous ses trésors, et s'y enferma avec tout ce qu'il avait de plus précieux. Il envoya aux ducs et aux comtes des villes, des ordres pour en relever les remparts ; il leur recommandait de s'enfermer dans l'enceinte des

---

* Ingonde, fille de Sigebert et de Brunehault, avait été mariée à Herménégild, fils aîné du roi des Visigoths ; ce prince, comme le reste de la nation, était arien. Ingonde parvint à convertir son mari à la foi catholique. Leuvigild, irrité, poursuivit son fils, et voulut faire passer sa succession sur la tête de Récarède son autre fils. Herménégild résista, et fit la guerre à son père ; il comptait sur l'appui des Suèves, des Austrasiens, dont son beau-frère Childebert était roi, et des troupes grecques que l'empereur Maurice avait envoyées en Espagne. Mais il fut attaqué avant l'arrivée des premiers, et il fut trahi par les Grecs au moment du combat. Tombé par trahison au pouvoir de son père, celui-ci le fit mettre à mort. Ingonde était restée prisonnière des Grecs ; Leuvigild avait tout à craindre du ressentiment de Childebert, et c'est pour cela qu'il cherchait un appui dans son alliance avec Chilpéric, et dans le mariage de Rigonthe avec son fils Récarède. Le moment était favorable, car l'alliance entre Childebert et Chilpéric était rompue. Gontran et Childebert menaçaient de nouveau le roi de Soissons.

murailles avec leurs femmes et leurs enfants, et
de s'y défendre vigoureusement s'ils étaient attaqués : ensuite il mit son armée en marche, puis
donna contre ordre, et la fit rester dans l'intérieur de son royaume.

En ces jours-là, il eut un fils (qui fut plus tard
le roi Clotaire II); il le fit élever secrètement à
Victoriac, dans la crainte de l'exposer à quelque
danger si on l'élevait publiquement.

Childebert II, d'après la demande que lui en
avait faite l'empereur Maurice, était allé en Italie. A son arrivée, les Lombards ne se croyant
pas en état de résister, se soumirent à sa domination, lui firent de grands présents, et lui promirent de rester toujours fidèles et dévoués à ses
intérêts. Childebert ayant obtenu tout ce qu'il demandait revint dans la Gaule, et donna l'ordre à
son armée de marcher sur l'Espagne; mais quelque
temps après il fit suspendre sa marche. Cependant
l'empereur Maurice lui réclama cinquante mille
sous d'or qu'il lui avait donnés pour qu'il chassât
les Lombards de l'Italie, et qu'il devait rendre,
selon lui, puisqu'il n'avait pas exécuté la convention, et qu'il avait traité avec les Lombards.
Mais le roi d'Austrasie, ne redoutant nullement
les menaces de l'empereur, ne daigna pas même
lui répondre.

Aux calendes de septembre, une grande députation arriva d'Espagne auprès de Chilpéric,

pour venir chercher sa fille Rigonthe. Ce roi était
de retour à Paris. Il fit enlever un grand nombre
de familles des maisons fiscales, et les fit placer
sur des chariots : plusieurs de ces hommes pleu-
raient et ne voulaient point partir ; il les fit jeter
en prison, pour pouvoir ensuite les envoyer plus
aisément avec sa fille. On assure que plusieurs,
craignant d'être séparés de leurs parents, s'étran-
glèrent de désespoir. Le fils était ôté à son père,
la mère à sa fille ; ils partaient au milieu des gémissements et des malédictions, et les pleurs qui
se répandaient alors dans Paris pouvaient se com-
parer à ceux qu'on versa en Égypte. D'autres,
d'une naissance plus relevée, qui étaient également contraints de partir, firent leur testament
pour donner tous leurs biens aux églises, les déclarant exécutoires dès leur entrée en Espagne,
comme s'ils étaient morts.

Cependant, Childebert II envoya à Paris des
députés pour notifier de sa part au roi son oncle,
qu'il eût à s'abstenir de donner à sa fille aucune
ville, aucune terre, aucunes richesses, de celles
qui dépendaient du royaume d'Austrasie, et dont
il s'était injustement emparé. Childebert promit
ce que demandait son neveu ; mais un des membres de la députation fut assassiné par une main
inconnue. Pour moi, je soupçonne que cela s'est
fait par ordre du roi.

Chilpéric ayant convoqué les plus notables des

Francs, et le reste de ses fidèles, célébra les noces de sa fille ; et, l'ayant remise aux ambassadeurs des Goths, il lui donna de grands trésors. Mais sa mère produisit un immense fardeau d'or, d'argent et de vêtements qu'elle lui destinait. Le roi en le voyant crut qu'il ne lui était plus rien resté à lui-même. Frédégonde devina son inquiétude, et se tournant vers les Francs, elle leur dit : « Ne croyez point, braves guerriers, qu'il y ait là rien qui appartienne aux trésors de vos anciens rois. Tout ce que vous voyez est de ma propriété ; car le très-glorieux roi m'a donné beaucoup de choses ; moi-même j'en ai rassemblé beaucoup d'autres par mon travail ; j'en ai amassé sur les fruits et les tributs des maisons qui m'ont été accordées. A votre tour vous m'avez enrichie de vos présents ; c'est ce qui compose les richesses que vous voyez devant vous, car rien de tout cela ne provient des trésors publics. » C'est ainsi qu'elle trompa la confiance du roi. Cependant la quantité de ces objets précieux était si grande, que cinquante chars furent chargés de l'or, de l'argent et des vêtements qu'emportait Rigonthe. Les Francs lui firent encore beaucoup de présents. Les uns donnèrent de l'or, d'autres de l'argent, quelques-uns des chevaux, le plus grand nombre des vêtements. Il n'y eut personne qui n'offrît quelque chose, selon ses facultés.

Enfin la jeune princesse dit adieu à ses pa-

rents ; elle les embrassa en versant d'abondantes
larmes, et se mit en route. En sortant de la porte
de Paris, une des roues de sa voiture se brisa,
ce qui fut regardé comme un mauvais présage
par tous ceux qui étaient présents. Ce jour là elle
s'arrêta pour camper à huit milles de Paris. Pendant la nuit, cinquante hommes de son escorte
prirent cent des plus beaux chevaux, avec autant de brides d'or, et s'enfuirent dans les états
de Childebert. Pendant tout le chemin, dès que
quelqu'un trouvait une occasion favorable,
il s'enfuyait en emportant tout ce qu'il pouvait.
La princesse et sa suite étaient reçues dans toutes les villes où elle passait avec une pompe magnifique et des dépenses immenses ; mais le roi
avait défendu que l'on prît quelque chose du trésor pour pourvoir à ces dépenses. Elles devaient
toutes être supportées par le public.

Chilpéric, redoutant les embûches que son
frère ou son neveu pourraient tendre à sa fille
dans ce long voyage, la fit accompagner d'une
armée. Elle avait avec elle quelques-uns des plus
grands du royaume : le duc Bobon, fils de Mummolus, avec son épouse, Domégisile, Ausovald, le maire du palais Waddon, qui avait été
autrefois comte de Saintonges. Le duc Bobon
remplissait les fonctions de paranymphe *. Le

---

* En latin, paranymphus, du grec Παρα, auprès, et νυμφη,
épousée ; c'était celui qui, par honneur, conduisait l'épouse
et assistait à ses noces.

reste de l'escorte se composait de plus de quatre mille hommes. Les autres chefs et officiers de la chambre qui l'avaient accompagnée, ne passèrent pas Poitiers. Ceux qui poursuivirent leur chemin s'avançaient comme ils pouvaient. Pendant ce voyage, ils pillaient et ravageaient tous les endroits par où ils passaient. Ils coupaient les ceps des vignes et les emportaient avec les raisins ; ils emmenaient le bétail et emportaient tout ce qu'ils pouvaient enlever, en sorte qu'on peut affirmer qu'ils ne laissaient rien derrière eux.

Tandis que l'armée qui conduisait sa fille s'avançait en commettant ces désordres, Chilpéric, qu'on peut appeler le Néron et l'Hérode de notre temps, s'était retiré à Chelles, à quatre lieues de Paris, pour y prendre le plaisir de la chasse. Un jour, comme il revenait de la forêt, à l'entrée de la nuit, tandis qu'on l'aidait à descendre de cheval, et qu'il avait une main appuyée sur l'épaule de son page, un homme s'approcha de lui, le frappa de son couteau sous l'aisselle, et redoublant le coup, lui transperça le ventre. Aussitôt Chilpéric répandit du sang en abondance par la bouche et par l'ouverture de sa blessure, et il rendit ainsi son esprit inique.

Nous avons assez fait connaître dans cette histoire quelle a été la méchanceté de ce prince. Il a ravagé un grand nombre de pays par le pillage et l'incendie, et loin de ressentir aucun remords de pareilles actions, il en éprouvait de la joie; ainsi, Néron, s'amusait à réciter des vers pendant l'incendie de Rome; souvent il fit périr injustement des hommes pour s'emparer de leurs richesses. Il était intempérant et présomptueux. Il composa deux livres de poésie à la manière de Sédulius, mais ses vers étaient sans mesure, ni rythme. Jamais il ne protégeait les pauvres ; il calomniait sans cesse les prêtres ; et dans l'intimité, il ne cessait de tourner les évêques en ridicule et de leur attribuer des crimes et des actions infâmes. Chaque jour il inventait de nouveaux moyens de persécuter le peuple, et les moindres fautes étaient punies par la perte des yeux.

Les ordonnances qu'il adressait aux juges, se terminaient par cette formule : « Si quelqu'un ne tient compte de mes ordonnances, qu'on lui arrache les yeux. » Jamais il n'a aimé sincèrement personne, et personne ne l'a jamais aimé, aussi tous les siens l'abandonnèrent après sa mort. Mallafe, évêque de Senlis, qui, depuis trois jours sollicitait de lui une audience, sans avoir pu l'obtenir, ayant appris cet événement, vint seul prendre soin de son corps, le lava, le couvrit d'autres vêtements, et passa la nuit en prières auprès de lui. Le lendemain, il le mit dans un bateau, et alla l'ensevelir dans l'église de Saint-Vincent, à Paris. Cette cérémonie terminée, il se retira, laissant Frédégonde dans l'église.

FIN DU CHAPITRE CINQUIÈME.

CHAPITRE VI.

SOMMAIRE.

« Ce fut un grand événemeut que la mort du roi Chilpéric. On ne la regrettait point; on la ressentit. Les trois royaumes en furent ébranlés.

Tout y devint incertain; tout tomba dans la confusion. On eût pu dire un instant que ce prince, si mauvais qu'il eût été, manquait à l'état. Roi fatal, dont la vie fut une calamité, et la mort même un dommage. » (*Le comte de Peyronnet, Histoire des Francs.*)

« Le seul de ses fils qui lui eût survécu, Clotaire II, était à peine âgé de quatre mois; aucune autorité légitime n'était plus reconnue, et les villes qui avaient de vieilles querelles à vider entre elles, Orléans, Blois, Chartres, Châteaudun, recoururent aux armes pour se faire justice à elles-mêmes, et dévastèrent réciproquement leurs divers districts *. (*Sismondi, histoire des Français.*)

Sur ces entrefaites, la reine Frédégonde se rendit à Paris, et avec les trésors qu'elle y avait amassés; elle se réfugia dans l'église, sous la protection de l'évêque Raguemode. Le reste du trésor de Chilpéric, qui avait été laissé à Chelles. et où se trouvait le missoire d'or dont nous avons parlé, fut porté par les trésoriers au roi Childebert, qui se trouvait alors à Meaux.

Aussitôt Frédégonde, après avoir consulté ceux qui lui étaient restés fidèles, envoya au roi Gontran des députés qui lui dirent de sa part:

---

* Nous avons remplacé par ces citations les deux ou trois premiers chapitres du septième livre de Grégoire de Tours, où il raconte la mort de l'évêque Salvius, et les querelles qui suivirent la mort de Chilpéric.

« Que Monseigneur vienne pour recevoir le royaume de son frère. Il ne me reste de lui qu'un petit enfant que je veux déposer entre ses bras, et soumettre ainsi que moi-même à son autorité. » Gontran, en apprenant la mort de son frère, pleura amèrement; mais bientôt modérant sa douleur il se rendit à Paris avec son armée.

A peine était-il entré dans les murs de cette ville, que son neveu Childebert arrivait d'un autre côté; on lui en refusa l'entrée. Les Austrasiens envoyèrent alors une députation à Gontran pour réclamer l'observation des conventions établies entre les quatre fils de Clotaire, relativement à l'occupation de Paris et l'exécution du pacte d'alliance consenti entre Gontran et Childebert. Gontran, s'adressant aux envoyés, leur répondit : « Hommes misérables et perfides, hommes sans foi et sans vérité, voilà que vous avez oublié les promesses que vous m'aviez faites, et que vous vous êtes alliés de nouveau à Chilpéric pour m'enlever mon royaume et le partager entre vous. Je tiens dans mes mains les traités que vous avez signés vous-mêmes pour l'exécution de ce projet. Et de quel front osez-vous me demander d'accueillir mon neveu Childebert, quand par vos perfides conseils vous avez voulu en faire mon ennemi? » Les ambassadeurs répliquèrent : « Malgré le courroux qui vous anime, vous ne pouvez refuser à votre neveu ce que vous lui avez promis, et de lui rendre ce qui lui re-

vient du royaume de Charibert.» — «Voici, reprit
le roi, les traités que nous avons jurés, d'après
lesquels aucun de nous ne pouvait entrer dans Paris, sans la permission des autres, sous peine, en
cas d'infraction, de perdre la portion de cette ville
qui lui appartenait, et ce serment a été placé
sous la protection de saint Polyeucte, martyr,
et des saints confesseurs Hilarion et Martin, qui
étaient appelés à en punir l'infraction. Malgré ce
traité solennel, mon frère Sigebert est entré dans
Paris; frappé par le jugement de Dieu, il a perdu
sa part de ce royaume. Chilpéric à tenu la même
conduite et a encouru la même peine. Par suite
de cette double violation du traité, le royaume
entier de Charibert, avec tous ses trésors, m'appartient légitimement, et je suis libre d'en disposer selon mon bon plaisir, sans que personne
ait le droit de s'y opposer. Retirez-vous maintenant, hommes toujours menteurs et perfides, et
rapportez mes paroles à votre roi. »

Les ambassadeurs se retirèrent; mais bientôt
d'autres se présentèrent qui venaient demander
qu'on leur livrât Frédégonde. Ils dirent au roi,
parlant au nom de Childebert : «Donnez-nous
cette femme souillée de meurtres; cette femme
qui a fait étrangler ma tante, qui a fait poignarder mon père et mon oncle, et égorger mes cousins » — « C'est aux plaids * du royaume, ré-

---

* Plaids ou plaid, en latin, *Placitum* ou *Placita*, étaient

pondit le roi, que nous renvoyons à connaître de toutes ces affaires et à les juger, car il avait pris Frédégonde sous sa protection; souvent il l'invitait à manger avec lui, et lui promettait d'être toujours son plus ardent défenseur.

Les grands du royaume de Chilpéric, comme Ausovald et les autres, se rassemblèrent pour prêter serment à son fils, qui n'était encore âgé que de quatre mois. Ils le proclamèrent sous le nom de Clotaire II, et ils exigèrent des villes du royaume le serment de fidélité à Gontran et à son neveu Clotaire.

Gontran fit rendre, par l'autorité de la justice, aux fidèles du roi Chilpéric, tout ce qu'ils avaient enlevé injustement à diverses personnes. Il fit lui-même de grands présents aux églises; rendit exécutoires les testaments des personnes qui étaient mortes en instituant les églises pour héritières, et que Chilpéric avait annulés. Il se montra bienveillant pour tout le monde et bienfaisant pour les pauvres.

Mais comme il ne se fiait pas à tous ceux au milieu desquels il se trouvait, il s'entoura d'hommes armés, et jamais il ne se rendait à l'église ou dans un lieu public sans une garde nombreuse. Un dimanche que le peuple était rassemblé dans la cathédrale, et que le diacre avait imposé silence pour commencer la messe, Gontran se tournant

des assemblées où se jugeaient les affaires du plus haut intérêts. Ces plaids ont été remplacés par les *parlements*.

du côté des assistants, leur dit : « Hommes et femmes qui êtes ici rassemblés, je vous conjure de ne point violer la foi que vous m'avez donnée, de ne point me faire périr comme vous avez fait périr récemment mes frères. Je ne demande que trois ans, dont j'ai besoin pour élever mes neveux qui sont mes fils adoptifs. Gardons qu'il n'arrive, et que la divinité ne permette qu'à mal mort vous ne périssiez avec ces enfants, puisqu'il ne reste de ma race personne d'arrivé à l'âge viril, qui vous défende. » Quand il eut cessé de parler, tout le monde adressa au Seigneur des prières pour le Roi.

Pendant ces événements, Rigonthe, fille de Chilpéric, arriva à Toulouse avec ses trésors. Se voyant près des frontières des Goths, elle voulut s'arrêter quelque temps dans cette ville pour faire reposer son escorte des fatigues d'un si long voyage, et réparer les vêtements et les chaussures des hommes, les harnais des chevaux et les équipages usés pendant la route. Pendant le séjour prolongé que cela occasionnait, le duc Didier apprit la mort du roi Chilpéric. Prenant alors avec lui une troupe de ses plus braves guerriers, il entra dans Toulouse, s'empara des trésors de Rigonthe, et les mit dans une maison, en y apposant des sceaux et les faisant protéger par une garde nombreuse, puis il fit dire à la princesse de ne pas quitter son logement jusqu'à son retour. Pour lui, il se rendit en toute hâte auprès de Mummolus qui demeurait à Avignon avec Gondovald, dont il a été question dans le chapitre précédent. Depuis deux ans les ducs Didier et Mummolus avaient fait alliance.

Gondovald, secondé de ses ducs, se mit en route pour Limoges. Arrivé à Brives, où se trouve le tombeau d'un saint Martin qui passe pour avoir été disciple de saint Martin de Tours, on l'éleva sur le pavoi, et il fut proclamé roi. Mais comme il faisait pour la troisième fois le tour de l'assemblée, porté sur le bouclier, il chancela et il serait tombé sans le secours de ceux qui l'environnaient. Il parcourut ensuite les cités voisines pour se faire reconnaître.

Cependant Rigonthe s'était retirée dans la basilique de Sainte-Marie à Toulouse, et ne quittait point cet asile.

Ces événements se passaient dans le mois de décembre, et cependant des ceps de vignes se couvrirent de feuilles nouvelles avec des raisins formés; des fleurs parurent aux arbres. Une grande flamme parcourut le ciel pendant la nuit en jetant beaucoup de clarté; on aperçut au nord des rayons lumineux. Dans l'Anjou la terre trembla. Il y eut encore beaucoup d'autres signes qui, à mon avis, annonçaient la mort de Gondovald.

Le roi Gontran envoya ses comtes pour prendre possession des villes que Sigebert avait eues autrefois pour sa part dans le royaume de Charibert. Ceux de Tours et de Poitiers voulaient reconnaître Childebert II pour roi; mais ceux du Berry se préparèrent à attaquer Tours, et ils entrèrent même dans les limites de la Touraine, où ils brûlèrent quelques édifices. Ils mirent le feu à l'église de Mareuil, où se trouvaient des reliques de saint Martin. L'église entière fut la proie des flammes; mais par la vertu de saint Martin, l'autel et tous les ornements qui le couvraient furent préservés. Les habitants de Tours voyant ces ravages, préférèrent se soumettre pour un temps à Gontran que d'exposer leur pays à être pillé et saccagé.

Mais aussitôt après la mort de Chilpéric, le duc Gararic était venu à Limoges recevoir le serment au nom du roi Childebert. De là il s'était rendu à Poitiers, où il fut accueilli de même, et il prit possession de la cité. Tandis qu'il était dans cette ville, il apprit l'attaque de ceux du Berry contre la Touraine. Il nous envoya sur-le-champ une députation pour nous engager à ne pas nous soumettre au roi Gontran, si nous ne voulions pas compromettre nos intérêts; ajoutant que nous devions nous souvenir de notre ancien roi Sigebert, père de Childebert, notre roi légitime. Les citoyens de Tours, et nous leur évêque, nous lui répondîmes qu'il serait plus avantageux aux habitants de Poitiers de se soumettre pour un temps à l'autorité de Gontran , s'ils voulaient épargner à leur pays les malheurs qui avaient affligé le nôtre ; que Gontran était désormais le père et le protecteur des deux fils de Sigebert et de Chilpéric , et qu'ainsi il tenait la souveraineté de tout le royaume, comme l'avait eue autrefois son père Clotaire. Les Poitevins ne tinrent compte de ces observations ; Gararic partit, en promettant de leur amener bientôt une armée, et il leur laissa Eberon , officier de la chambre du roi Childebert.

Mais Sicaire , secondé de Williachaire, comte d'Orléans , qui s'était emparé de Tours , se mit en marche contre Poitiers. Leur mouvement était combiné de manière que l'armée venant de Tours attaquait le Poitou d'un côté , tandis que celle du Berry l'attaquerait de l'autre. Arrivés aux frontières, les deux armées commençaient à dévaster le pays , quand les habitants de Poitiers envoyèrent une députation aux deux chefs, pour leur demander de suspendre leur agression jusqu'au plaid qui devait se tenir entre les rois Childebert et Gontran ; « que leur projet n'était point de résister à sa décision ; que s'ils étaient donnés à Gontran, ils le reconnaîtraient sans murmures, et le serviraient. » Les chefs répondirent: « Les choses que vous dites sont étrangères aux ordres que nous sommes tenus d'accomplir. Obéissez sur l'heure, ou nous poursuivrons. » Ils poursuivirent en effet , et les ravages recom-

mencèrent. Enfin les habitants de Poitiers ren-
voyèrent les serviteurs de Childebert; et prêtèrent serment de fidélité à Gontran, serment dont
ils se dégagèrent bientôt.

Cependant les plaids du royaume s'assemblè-
rent. Le roi Childebert y députa l'évêque de
Reims, Égidius, Gontran-Boson, Sigevald et
un grand nombre d'autres seigneurs austrasiens.
Lorsqu'ils furent entrés, l'évêque prit la parole :
« Nous rendons grâces au Dieu tout-puissant, dit-
il à Gontran, de ce qu'après beaucoup de travaux il t'a rendu à tes provinces et à ton royaume. » — «En effet, répondit le roi, c'est à lui qui
est le Roi des rois et le Seigneur des seigneurs;
c'est à lui qui a fait ces choses par sa miséricorde
que nous devons rendre grâce; ce n'est pas à toi
qui, par tes conseils perfides et tes parjures, as
fait brûler mes provinces l'année passée; toi qui
n'as jamais gardé ta foi à aucun homme; toi dont
les fraudes s'étendent partout, et qui te montres,
non point en prêtre, mais en ennemi de notre
royaume. » L'évêque irrité ne répondit rien à ce
discours; mais un autre des députés dit : « Ton
neveu Childebert te supplie d'ordonner qu'on lui
rende les cités que son père a possédées. » A quoi
le roi répondit : « Je vous ai déjà dit auparavant
que les conventions me les ont conférées, en
sorte que je ne veux point les rendre. » Un autre
député prit la parole, et dit : « Ton neveu de-

mande que tu ordonnes qu'on lui livre cette
Frédégonde criminelle, qui a fait périr tant de
rois, afin qu'il venge la mort de son père, de
son oncle et de ses cousins. » Gontran reprit :
« Je ne saurais la livrer en sa puissance puisque
son fils à elle-même est roi; d'ailleurs, je ne crois
point vraies les choses que vous alléguez contre
elle. » Après tous ceux-là, Gontran-Boson s'approcha du roi, comme s'il avait quelque chose
à dire; mais comme le bruit s'était déjà répandu
que Gondovald avait été proclamé roi, Gontran
le prévint et lui dit : « O toi, l'ennemi de ce pays
et de notre royaume, tu es allé en Orient il y a
quelques années, pour en faire venir ce Ballomer
(c'est ainsi que le roi appelait toujours Gondo -
vald) et le conduire dans nos états; toujours tu
fus perfide, et tu n'as jamais gardé une seule
de tes promesses. » Boson répondit : « Tu es
seigneur et roi, et tu siéges sur le trône, en sorte
que personne n'ose répondre aux choses que tu
avances. Je proteste seulement que je suis innocent de tout ce que tu viens de me dire; mais si
quelqu'un de même rang que moi m'a accusé en
secret de ces crimes, qu'il vienne à présent au
grand jour, et qu'il parle; et toi, ô roi très-
pieux, tu soumettras cette cause au jugement
de Dieu, afin qu'il décide entre nous, lorsque
nous combattrons au champ-clos. » Chacun gardant alors le silence, le roi reprit : « C'est une
cause qui devrait enflammer le cœur de tout le

monde, pour repousser de nos frontières cet homme dont le père était meunier; car c'est une vérité, son père a cardé la laine. » Or, quoiqu'il eût été possible que le même homme eût fait les deux métiers, quelqu'un des députés répondit aux reproches du roi : « Quoi donc! selon ce que tu affirmes, cet homme a eu deux pères, l'un meunier et l'autre cardeur de laine. Prends donc garde, ô roi, de quelle manière tu parles, car nous n'avons point encore entendu dire que, excepté dans une cause spirituelle, un fils pût avoir deux pères en même temps. » A ces mots, plusieurs éclatèrent de rire; après quoi un autre député lui dit : « Nous prenons congé de toi, ô roi ; car puisque tu n'as point voulu rendre les cités qui appartiennent à ton neveu, nous savons que la hache qui a frappé la tête de tes deux frères est encore entière; elle abattra la tienne plutôt encore. » Ils partirent ainsi avec scandale. Le roi, irrité de leurs paroles, ordonna qu'on leur jetât à la tête le fumier des chevaux, la paille, le foin pourri et les boues de la ville. Ils se retirèrent avec leurs habits tout tachés; l'affront et l'injure qu'ils reçurent furent immenses.

Frédégonde s'était retirée dans l'église cathédrale de Paris. Tandis qu'elle était dans cet asile, un des officiers de sa maison nommé Léonard, arriva de Toulouse, et vint lui raconter ce que le duc Didier avait fait à sa fille, qu'il retenait prisonnière, et dont il avait enlevé les trésors. En apprenant ces nouvelles, Frédégonde entra en fureur; elle fit dépouiller dans l'église même le malheureux messager, lui enleva le baudrier que Chilpéric lui avait donné, et le chassa honteusement. Elle fit arrêter également les cuisiniers, les boulangers et tous ceux qui avaient quitté sa fille pendant son voyage et qu'elle put découvrir. Ils furent par ses ordres dépouillés et battus jusqu'à en perdre l'usage des membres.

Elle tenta aussi de perdre, par d'infâmes accusations, l'évêque Nectain, frère de Baudégisile, affirmant à Gontran qu'il avait soustrait une partie des trésors du roi Chilpéric, et lui demandant de le charger de chaînes et de le jeter dans une prison obscure. Mais la prudence du roi et le crédit de Baudégisile empêchèrent l'exécution de ses projets. Elle ne montrait nulle crainte de Dieu, dans son église même où elle était venue chercher un asile.

Elle ne reçut qu'avec peine l'évêque Prétextat, que les habitants de Rouen avaient rappelé de l'exil après la mort de Chilpéric, et qu'ils avaient ramené dans leur ville avec honneur et avec la joie la plus vive. Après son retour il était venu à Paris, et s'était présenté au roi Gontran, le priant instamment d'ordonner la révision de son procès. La reine soutenait qu'on ne devait pas

recevoir un homme qui avait été dégradé de l'épiscopat dans une assemblée composée de quarante-
cinq évêques. Le roi voulait convoquer un synode
pour juger de nouveau cette affaire ; mais l'évêque de Paris, Raguemodc, parlant au nom de
tous ses collègues, fit observer que cette mesure
était inutile, que les évêques n'avaient infligé à
Prétextat qu'une pénitence à laquelle il s'était
soumis, mais qu'il n'avait point été déchu du titre d'évêque. Cette réponse satisfit le roi ; il reçut Prétextat, l'admit à sa table, et lui permit de
retourner dans sa ville épiscopale.

Un jour que le roi était encore à Paris, un
mendiant s'approcha de lui, et lui dit : «Ecoute,
ô roi, et ne méprise pas mes paroles. Apprends
donc que Faraulf, un des domestiques de ton
frère Chilpéric, cherche à te tuer. Il a formé le
dessein, et je l'ai entendu, lorsque tu iras à l'é-
glise pour l'office du matin, de te frapper de
son poignard ou de sa lance. » Le roi effrayé fit
venir Faraulf ; il nia tout, mais le roi augmenta
le nombre de ses gardes, qui ne le quittaient pas
dès qu'il sortait. Faraulf mourut quelque temps
après.

Gontran ordonna à Frédégonde de se retirer
dans le domaine de Rueil, qui était dans le territoire de Rouen. Elle fut accompagnée par les
Grands du royaume de Chilpéric, qui, après lui
avoir promis de grands soins pour la personne et

pour l'éducation de son fils, retournèrent vers
le jeune prince. Il ne resta avec elle que Méla-
nius qui avait autrefois remplacé Prétextat à
Rouen, et qui avait été obligé de lui céder la
place à son tour.

Frédégonde ne pouvait supporter son exil;
elle était surtout affligée d'avoir perdu une partie de son pouvoir, et sa fureur se tournait contre Brunehault, qui maintenant était dans une
condition bien préférable à la sienne. Elle songea alors à se défaire de sa rivale. Elle avait auprès d'elle un clerc qui lui était entièrement dévoué. Elle lui communiqua ses projets, et le
détermina à se rendre à Metz, auprès de la reine
Brunehault, à tâcher de s'introduire dans sa
maison, à gagner adroitement sa confiance, et
enfin à la poignarder. Le clerc part aussitôt. Arrivé auprès de Brunehault, il en obtient une audience, et se jetant à ses genoux, il lui dit en
suppliant : « O reine, je fuis de devant la face
de Frédégonde, irritée contre moi, et j'implore
votre appui. » Ses premiers artifices eurent du
succès. Il se montra si humble, si soumis, qu'il
gagna peu à peu la confiance de Brunehault;
mais peu de temps après on eut des soupçons
que toute sa conduite n'était que ruse et trahison. On l'arrêta, on le flagella; il avoua tout, et
Brunehault lui permit de retourner vers sa maîtresse. Quand il eut rendu compte à celle-ci du
peu de succès de sa commission, Frédégonde,

pour le punir, lui fit couper les pieds et les mains.

Le roi Gontran, de retour à Châlons-sur-Saône, s'occupa avec ardeur de faire des enquêtes sur la mort de son frère. La reine fit tomber les soupçons sur Ebérulf, l'un des domestiques de Chilpéric. Après la mort du roi elle avait engagé cet Ebérulf à venir demeurer avec elle; mais il l'avait refusé. Elle regarda ce refus comme un outrage, et pour s'en venger, elle affirma à Gontran que c'était lui qui avait tué Chilpéric; qu'il avait enlevé beaucoup de trésors, et s'était retiré à Tours; qu'ainsi, s'il voulait venger la mort de son frère, c'était cet homme à qui il fallait l'imputer. Le roi jura a'ors, devant tous les Grands de sa cour, que s'il trouvait Ebérulf coupable, il l'exterminerait, lui et les siens jusqu'à la neuvième génération, afin d'abolir, par cette punition sévère, l'abominable coutume qui s'était introduite, de tuer les rois.

Ebérulf instruit des desseins de Gontran et de l'accusation portée contre lui, se retira dans l'église de Saint-Martin, dont il avait souvent violé les priviléges. On établit une garde pour veiller sur lui. Cette garde fut confiée aux Orléanais et aux Blaisois, qui se relevaient tour à tour. Au bout de quinze jours, ils s'en retournèrent en emmenant avec eux des chevaux, des bestiaux, et tout ce qu'ils purent emporter. Les Orléanais surtout commirent le plus de dégats.

Cependant toutes les propriétés d'Ebérulf furent saisies, confisquées et distribuées. D'autres furent pillées, car une maison qu'il avait à Tours, et qu'il avait enlevée au domaine de l'église, était remplie de grains, de vins et de provisions de toute espèce; elle fut pillée et saccagée de fond en comble, et il ne resta que les quatre murailles.

A cette occasion, Ebérulf eut des soupçons contre moi, me menaçant que s'il rentrait en grâce auprès du roi, il se vengerait sur moi de ce qu'il souffrait aujourd'hui. Dieu qui connaît le secret des cœurs, sait combien cette accusation était injuste, et avec quelle pureté d'intention je me suis toujours conduit envers lui, lui donnant toutes les consolations qui pouvaient dépendre de notre ministère. Mais je crois que ce malheureux était son plus grand ennemi à lui-même, car il n'avait aucun respect pour les choses saintes, il était emporté, livré à la débauche, à l'ivrognerie, à l'habitude du meurtre, au point qu'il a commis plusieurs homicides dans l'enceinte même qui lui servait d'asile.

La dixième année du règne de Childebert, Gontran rassemble une grande armée de diverses provinces de son royaume. La plus grande partie de cette armée, composée des troupes de l'Orléanais et du Berry, fut dirigée sur Poitiers, dont les habitants avaient déjà rompu le

serment qu'ils avaient fait au roi. On leur envoya
d'abord des députés pour savoir s'ils voulaient
rentrer dans l'obéissance de Gontran ; mais l'é-
vêque de cette ville, Mérovée, refusa de les écouter. Alors l'armée entra dans le territoire de Poitiers, et les pillages, les incendies, les massacres commencèrent. Le territoire de Tours ne
fut pas exempt, quoique soumis. Les soldats qui
transportaient le butin qu'ils avaient fait en Poitou, le grossissaient encore de celui qu'ils prenaient en passant dans la Touraine ; des églises
même furent brûlées, et ces désordres durèrent jusqu'à ce qu'enfin les Poitevins, quoique à
regret, offrirent de se soumettre. Quand ils virent tout le pays ravagé, et l'armée au pied
de leurs murailles, ils envoyèrent une députation
pour offrir un nouveau serment d'obéissance à
Gontran, et ils reçurent les troupes dans la ville.
Les soldats saisirent l'évêque, et se préparaient
à le maltraiter, en l'appelant parjure. Il n'eut
d'autres moyens de se racheter, lui et son peuple, que de mettre en pièces les calices d'or de
son église, et de leur en faire le partage.

Gondovald aurait bien voulu venir à Poitiers,
mais la crainte le retint, quand il apprit que
l'armée qui marchait contre lui s'était emparée
de cette ville. Lorsqu'il s'approchait des cités qui
avaient appartenu au roi Sigebert, il recevait
leur serment au nom de Childebert II. Dans les

autres, qui appartenaient à Gontran ou à Clotaire II ; il recevait le serment en son nom propre. C'est ainsi qu'il entra à Angoulême, dont il
reçut le serment, et après avoir fait des présents
aux principaux de la ville, il se rendit de là à Périgueux, où il fut également accueilli, excepté
par l'évêque, qui montra de l'opposition, ce qui
l'exposa à de mauvais traitements de la part de
Gondevald. Il se dirigea ensuite sur Toulouse,
précédé d'une députation pour l'évêque Ma-
gnulf. Mais l'évêque, qui n'avait pas oublié ce
qu'il avait souffert autrefois de Sigulf, qui prétendait aussi à la royauté, assembla les habitants et
leur dit : « Nous savons que Gontran et Childebert sont rois ; nous ne connaissons pas celui-ci,
prenez donc garde à ce que vous ferez. Si le duc
Didier veut attirer sur nous cette calamité, qu'il
périsse comme a péri Sigulf, et que sa mort serve
d'avertissement et d'exemple, afin qu'aucun étranger ne soit désormais assez téméraire pour entreprendre de violer le trône des Francs. » Les habitants, persuadés par ces conseils, se préparèrent
d'abord à la résistance ; mais à la vue de la nombreuse armée de Gondovald, ils désespérèrent du
succès, et consentirent à le recevoir. Gondovald
entra donc dans la ville avec son armée.

Peu de temps après, l'évêque se trouvant assis
à la table de Gondovald, il osa lui parler ainsi :
« Tu te dis le fils de Clotaire ; nous ignorons si
cela est vrai ou non ; mais ce que nous croyons

bien fermement, c'est que tu ne réussiras pas dans ton entreprise. » Gondevald répondit : « Je suis fils de Clotaire ; je réclame la part qui m'appartient de son royaume ; bientôt j'irai à Paris, et j'en ferai ma capitale. » L'évêque reprit : « Si tu accomplis tes desseins, ne sera-t-il pas vrai de dire qu'il ne reste plus personne de la vaillante race des Francs ? « Mummolus entendant ces paroles audacieuses, donna un soufflet à l'évêque, en lui disant : «N'est-ce pas toi plutôt qui es dégénéré de ta race, toi qui n'as pas honte de parler avec tant d'insolence à un si grand roi ? » Mais quand le duc Didier apprit ce qui s'était passé, il fut transporté de colère ; il fit sur-le-champ saisir l'évêque ; on le chargea de liens, on le frappa avec le bois d'une lance ; on lui donna des coups de pieds et des coups de poings ; enfin il fut condamné à l'exil et dépouillé de tous ses biens.

Waddon, ancien maire du palais, qui avait accompagné la princesse Rigonthe, se réunit aux partisans de Gondovald. Les autres qui restaient encore de son escorte prirent la fuite.

L'armée de Gontran, qui se trouvait à Poitiers, se mit alors en marche pour aller à la poursuite de Gondovald. Elle s'avança jusqu'aux bords de la Dordogne, où elle campa, en attendant des nouvelles de l'ennemi.

Les principaux chefs qui avaient embrassé le parti de Gondovald étaient le duc Didier, Bla-

daste, Waddon, Mummolus et l'évêque Sagit-
thaire. Dejà le siége épiscopal de Toulouse était
promis à ce dernier.

Sur ces entrefaites, Gontran chargea un
nommé Claudius, de tâcher par ruse de faire
sortir Ebérulf de l'asile sacré où il s'était retiré
et de le tuer, ou de lui amener garrotté, lui
promettant de grandes récompenses s'il réussis-
sait dans cette entreprise; mais il lui recom-
manda surtout de respecter l'église de Saint-
Martin. Claudius, qui était dominé par l'orgueil
et par l'avarice, accourut promptement à Paris,
laissant sa femme à Meaux, où elle était née. Il
réfléchit alors que la commission dont il était
chargé pourrait lui valoir encore quelque récompense de la reine Frédégonde, ennemie décla-
rée d'Ebérulf. Il alla donc la trouver, et il en
obtint de magnifiques promesses en cas de succès.

Arrivé à Châteaudun, il demanda au comte de
cette ville trois cents hommes d'armes pour garder
les portes de Tours. Le comte les lui donna, et
avec eux il se rendit à Tours; quand il fut entré
dans cette ville, il laissa derrière lui ces hommes,
et entra seul dans la basilique. Il s'approcha
aussitôt d'Ebérulf, et il l'assura par serment de
son dévouement et de son attachement pour lui,
car le misérable Claudius s'était dit à lui-même
qu'il n'avait d'autres moyens que le parjure pour

pouvoir tromper Ebérulf. Celui-ci le voyant prêter serment dans la basilique même, et jurer par
les reliques des saints, et par tout ce que cette
église renferme de plus sacré et de plus vénérable, que ce qu'il lui disait était véritable, eut
le malheur de se fier à ses promesses perfides.

Le lendemain, comme j'étais dans une maison de campagne à près de dix lieues de Tours,
Claudius vint dîner avec lui et quelques habitants
de la ville dans la maison de l'église. Il avait
choisi cet instant pour le frapper, mais la présence des serviteurs d'Ebérulf le retint. Après le
repas, ils se promenèrent ensemble dans la cour
de l'église, se promettant l'un à l'autre par serment, foi et amitié. Dans la conversation, Claudius demanda à Ebérulf s'il avait quelques vins
aromatisés, témoignant le désir d'en boire ; Ebérulf s'empressa d'envoyer ses serviteurs chercher
les meilleurs vins qu'il avait chez lui. Quand
Claudius le vit seul, il leva la main vers l'église,
et fit cette prière : « O bienheureux saint Martin, faites que je revoie bientôt ma femme et mes
enfants. » Le malheureux, au moment de commettre un meurtre dans la cour même de son
église, redoutait encore la vertu de saint Martin. A un signal donné, un des plus vigou-
reux hommes de Claudius, saisit Ebérulf par
derrière, et le tenant fortement enlacé dans
ses bras, il laissa sa poitrine à découvert et
prête à recevoir le coup mortel. Claudius tire

aussitôt son épée du fourreau et s'avance contre lui; mais Ebérulf a pu saisir son poignard à sa ceinture, et il attend son ennemi, en le menaçant. Au moment où Claudius lève le bras pour lui enfoncer son épée dans la poitrine, Ebérulf le frappe sous l'aisselle, et en retirant son poignard lui coupe le pouce. Les serviteurs de Claudius accourent l'épée à la main, et blessent Ebérulf de plusieurs coups. Il parvient un instant à leur échapper, mais tandis qu'il fait un dernier effort pour s'enfuir, les coups d'épées redoublent sur sa tête et lui ouvrent le crâne, sa cervelle s'échappe avec sa vie. Ainsi mourut Ebérulf qui ne mérita point la protection de celui qu'il n'avait jamais invoqué sincèrement.

Claudius, effrayé, se retira promptement dans la cellule de l'abbé, venant réclamer un appui à celui dont il venait d'offenser aussi grièvement le saint patron. Il lui dit en entrant : « Un crime énorme vient d'être commis; je suis en danger de perdre la vie si vous ne me secourez. » Il parlait encore, quand arriva une troupe de gens d'Ebérulf, armées d'épées, de lances et de javelots. Trouvant les portes fermées, ils brisèrent les vitres et lancèrent une grêle de javelots par les croisées. Claudius, déjà demi-mort de frayeur et de la blessure que lui avait fait Ebérulf, tomba percé d'un trait. Ceux qui l'accompagnaient se cachèrent derrière les portes et sous les lits. L'abbé, enlevé par deux clercs, put à peine être arraché

vivant du milieu de cette mêlée. Les portes sont
enfoncées et les hommes armés s'y précipitent
en foule, suivis d'un grand nombre de marguil-
liers, de pauvres, de gens du peuples qui arri-
vaient armés de bâtons et de pierres pour venger l'outrage inouï qui venait d'être fait à saint
Martin. On arracha de leurs retraites ceux des
gens d'Ebérulf qui avaient cherché à se cacher,
et on les égorgea sans pitié. Le pavé de la cellule
de l'abbé était inondé de sang. Quand ils eurent
été massacrés, on les dépouilla, et on jeta dehors leurs cadavres tout nus. La nuit suivante,
les meurtriers chargés du butin de ceux qui
avaient succombé, prirent la fuite.

Ainsi la vengeance de Dieu frappa sur-le-
champ ceux qui avaient souillé de sang humain
l'enceinte sacrée ; mais on doit penser que ce
n'était pas un léger crime que celui de l'homme
que le saint évêque ne protégea pas contre un
pareil sort. Le roi fut d'abord très-mécontent de
ce qui s'était passé, mais quand il eut connu
toutes les circonstances il s'apaisa. Il distribua
tous les meubles et immeubles d'Ebérulf à ses
fidèles ; sa veuve laissée dans le plus entier dé-
nuement, continua d'habiter l'église sainte. Les
parents de Claudius enlevèrent son corps et
celui de ses compagnons, et ils les ensevelirent
dans leur pays.

Gondovald envoya à ses partisans deux clercs,

avec des dépêches. L'un d'eux, abbé de Cahors, fut surpris par les soldats de Gontran. Ses lettres, qu'il avait cachées dans des tablettes creuses, furent découvertes. Amené en présence du roi, il fut rigoureusement puni et enfermé dans une prison.

Gondovald se trouvait en ce moment à Bordeaux dont l'évêque Bertrand avait embrassé sa cause avec chaleur; il s'y était approprié une relique de saint Serge, sur la protection de laquelle il comptait plus que sur les plus puissantes armées.

Après cela, Gondovald envoya à Gontran deux ambassadeurs, portant avec eux des baguettes consacrées qui, selon l'usage des Francs devaient être une inviolable sauvegarde, et leur permettre de remplir leur mission en toute sécurité. Mais ces hommes imprudents eurent l'indiscrétion de révéler à plusieurs personnes l'objet de leur ambassade, avant d'avoir obtenu une audience du roi. Ils furent en conséquence arrêtés et amenés chargés de chaînes en présence du roi, alors ils ne laissèrent pas de remplir leur commission, et ils dirent à Gontran : « Gondovald, récemment venu d'Orient, affirme qu'il est fils de votre père, le roi Clotaire; il nous a envoyés vers vous pour vous demander la portion du royaume qui lui revient. Si vous refusez de la lui rendre, il viendra lui-même la réclamer à la tête de son armée. Les plus braves guerriers du pays situé au-delà de la Dordogne sont avec lui, et il nous charge de vous dire ces paroles : Quand nous serons au champ de bataille, Dieu jugera si je suis ou non fils de Clotaire. » Le roi, offensé de ce langage, les fit mettre à la torture, afin de leur arracher, s'il le pouvait, de nouvelles révélations. Ils avouèrent en effet que les trésors enlevés à sa nièce Rigonthe, lui avaient été rendus par ordre de Gondovald, et que tous les Grands du royaume de Childebert d'Austrasie, le favorisaient et l'avaient provoqué à prendre le titre de roi. Ils ajoutèrent que Gontran-Boson était allé effectivement, comme le bruit en avait couru, à Constantinople pour l'engager à venir dans la Gaule.

Après ces déclarations, les ambassadeurs furent renvoyés en prison; Gontran s'empressa alors de mander à son neveu Childebert, de venir le trouver, pour entendre ces hommes, et conférer ensuite ensemble sur ce qu'ils auraient à faire. Childebert vint trouver son oncle, et les ambassadeurs de Gondovald répétèrent exactement devant les deux rois ce qu'ils avaient dit devant Gontran, que tous les Grands du royaume d'Austrasie avaient embrassé la cause de Gondovald.

Gontran * envoya ensuite les Grands de son

* Gontran, pendant son long règne, change à chaque instant ses affections, ou ses alliances, suivant ses craintes ou ses intérêts. Nous l'avons vu tour à tour partisan de Sigebert

royaume, et en leur présence ayant mis sa lance dans la main du roi Childebert II, il lui dit à haute voix : « Ceci est le signe que je te donne tout mon royaume. Va, maintenant, parcours toutes mes villes ; elles sont à toi, et reçois leur serment. Nos péchés sont cause qu'il ne reste personne de notre race, excepté toi qui es le fils de mon frère. Tu seras mon seul héritier à l'exclusion de tout autre. » Il quitte ensuite l'assemblée, et emmenant son neveu, il eut avec lui une longue conférence particulière, lui recommandant expressément de ne rien révéler à qui que ce soit de ce qu'il allait lui dire. Dans cet entretien secret, Gontran fit connaître à Childebert ceux qu'il devait appeler à son conseil, et ceux qu'il devait en éloigner, ceux à qui il pouvait se fier, et qu'il pouvait appeler aux honneurs, ceux, au contraire, qu'il devait craindre, et qu'il fallait dépouiller de leurs emplois. Il lui signala surtout l'évêque Egidius, comme un homme indigne de toute confiance, et qui le trahissait comme il avait trahi son père. Après cette conférence, les deux rois se rendirent à la salle du festin ; mais auparavant Gontran pré-

---

et de Chilpéric ; nous le voyons maintenant passer tantôt du fils de Chilpéric au fils de Sigebert. Mais ici il avait le plus grand intérêt à gagner l'affection de son neveu Childebert, et à le détacher des grands de son royaume, car Gondovald était déjà maître de toute l'Aquitaine, et secondé par les grands d'Austrasie, il aurait facilement accablé Gontran, si l'adroite politique de ce dernier n'eût été chercher à la source même du mal le remède qu'il devait y appliquer.

senta son fils à toute l'armée, et dit : « Voyez, braves guerriers, que mon fils Childebert est maintenant un homme, ne le regardez donc plus comme un enfant. Préservez-vous de malicieuses croyances que l'on vous suggère, car c'est lui qui est désormais votre roi, et vous devez lui obéir. »

Cette cérémonie fut suivie de trois jours de festins et de fêtes ; les rois échangèrent entre eux de nombreux présents, et se séparèrent avec de grandes démonstrations d'amitié. Dans cette circonstance, Gontran rendit à Childebert tout ce qui avait appartenu à son père Sigebert, mais il exigea de lui qu'il évitât de voir sa mère Brunehault, de peur qu'elle ne pénétrât leurs desseins et n'en fît avertir Gondovald.

Quand Gondovald apprit que l'armée de Gontran s'approchait, il passa la Garonne, suivi de l'évêque Sagittaire, des ducs Mummolus et Blendaste, et de Waddon, l'ancien maire du palais ; et il se dirigea sur Comminges. Déjà le duc Didier l'avait abandonné, ce qui pouvait lui faire craindre d'autres défections. La ville de Comminges est une cité forte, placée au sommet d'une montagne isolée, et dont aucune autre montagne n'est voisine. Du pied de la montagne sort une source abondante, défendue par une forte tour. On y descend de la ville par une voie souterraine, ouverte dans l'intérieur du roc, et

ou peu puiser   eau sans aucun anger.
Gondovald avait fait dans cette ville des approvisionnements si considérables, qu'il eût été facile de s'y défendre pendant plusieurs années. Pour ajouter encore à ces précautions et à ces ressources, on avait mis hors de la ville tous les habitants.

Les chefs de l'armée de Gontran apprirent alors que Gondevald était au-delà de la Garonne avec une nombreuse armée, et qu'il avait emporté avec lui les trésors de Rigonthe. Ils se jetèrent aussitôt à sa poursuite, et firent passer la Garonne à la nage à leur cavalerie; plusieurs chevaux et soldats furent noyés dans le trajet; mais ils ne purent atteindre que quelques bêtes de somme richement chargées, et quelques chevaux que la fatigue avait forcés de rester en arrière. Quand ils surent que Gondovald s'était retiré à Comminges, ils laissèrent en arrière leurs chariots, leurs bagages, et tout ce qui pouvait les embarrasser, et, prenant avec eux leurs meilleurs soldats, ils se mirent à sa poursuite. Dans leur marche rapide ils arrivèrent à Saint-Vincent, sur le territoire d'Agen; ils brûlèrent et pillèrent la ville et l'église.

Quand l'armée de Gontran fut arrivée à Comminges, elle campa dans la campagne située au-dessous de la ville, et ravagea toute la contrée voisine. Quelques soldats poussés par l'amour du pillage, s'étant trop écartés furent tués par les habitants du pays.

Un grand nombre de soldats, montant à l'envi sur les crêtes les plus élevées de la montagne, provoquaient Gondovald et l'accablaient de leurs outrages. « Qui es-tu? lui demandaient-ils; n'es-tu pas celui qui, du temps du roi Clotaire, gagnais ta vie à peindre les voûtes et les parvis des églises? N'es-tu pas celui que dans toute la Gaule on nommait Ballomer; qui pour les mêmes prétentions que tu montres encore aujourd'hui, as été tant de fois exilé et privé de ta chevelure par les rois Francs? Qui t'a donné la hardiesse de violer les frontières de leur royaume? Si tu as été appelé par quelqu'un, fais-le connaître à haute voix. Voici ta mort qui s'apprête; voici ta fosse qui s'ouvre et où tu seras précipité. »

Gondovald ne se montrait point irrité de leurs injures. Il venait au contraire sur le rempart, et, se flattant peut-être de leur inspirer des sentiments moins défavorables, il leur contait avec bienveillance et simplicité son origine, ses droits, ses malheurs : « Qu'il était connu de tout le monde que son père avait conçu de la haine pour lui; qu'à leur tour quelques-uns de ses frères l'avaient repoussé; mais qu'on interrogeât Radegonde à Poitiers, Ingeltrude à Tours; que les pieuses reines savaient la vérité et ne craindraient pas de la dire; que Narsès n'avait point hésité à lui donner un asile en Italie; que les empereurs de Constantinople l'avaient comblé

de biens et d'honneurs; qu'il n'était venu que
parce que les grands du royaume de Childebert
l'avaient appelé. Reconnaissez donc maintenant,
ajouta-t-il, que je suis roi, comme mon frère
Gontran, comme mon neveu Childebert. Si
votre aversion pour moi est si profonde, condui-
sez-moi du moins vers mon frère Gontran, qui
ne pourrait, en me voyant, refuser de me recon-
naitre; si vous ne voulez pas consentir à cette
épreuve, laissez-moi retourner dans le pays d'où
Boson m'a fait sortir à force de trahisons et d'intrigues. » On ne répondit à ces paroles que par
de nouvelles injures.

Le quinzième jour du siége, Leudégisile, qui
commandait l'armée de Gontran, avait achevé
ses préparatifs pour attaquer la ville. Ses soldats,
couverts par de fortes claies, menèrent les bé-
liers jusqu'au pied des remparts; mais ils ne
purent ni les ouvrir ni les ébranler. De tous côtés tombaient sur eux l'huile et la poix enflam-
mées, une grêle de traits et de pierres, de longues et pesantes poutres armées de fer. La nuit
seule mit fin au combat, et les assaillants rentrèrent dans leur camp.

Il y avait auprès de Gondovald un homme
fort riche et très-puissant nommé Cariulf. Ses
magasins immenses avaient surtout contribué à
l'approvisionnement de la ville.

Bladaste, voyant ce qui se passait, et craignant
que, malgré la résistance opiniâtre des assiégés,

Leudégisile s'emparât de la ville et ne les fît tous périr, mit le feu dans la maison voisine de l'église, et, pendant que la foule se portait en tumulte sur ce point pour arrêter l'incendie, il s'enfuit par la porte opposée.

Le matin l'attaque fut renouvelée. A l'orient de la ville, se trouvait un fossé large et profond; les soldats y apportèrent d'énormes tas de fascines pour essayer de le niveler; mais ce moyen n'obtint pas un plus heureux succès.

Leudégisile, jugeant qu'il ne pouvait désormais réussir par la force, entreprit d'y suppléer par la trahison. Il envoya en secret des émissaires à Mummolus, qui lui dirent : « Pourquoi t'es-tu séparé de ton maître ? Quelle espérance t'attache à un inconnu ? Voilà que ta femme et tes enfants sont déjà en captivité. Peut-être que Gontran va ordonner la mort de tes fils. Renonce à cette entreprise insensée ; quel autre moyen as-tu de prévenir ta ruine ? » Ce langage ébranla Mummolus. « Allez, leur dit-il ; il se peut que notre puissance soit à son déclin ; rapportez-moi de sincères garanties pour ma sûreté, et je vous épargnerai de longs travaux. »

Quand les émissaires furent partis, Mummolus fit part de leurs propositions à l'évêque Sagittaire, à Cariulf et à Waddon ; ils se rendirent sur-le-champ à l'église, et, la main sur l'autel, ils firent serment l'un à l'autre, de rester unis, et de traiter ensemble de leur vie, au prix de la liberté de Gondovald.

Les émissaires revinrent, et la convention se conclut. On convint que les quatre chefs livreraient Gondovald à Leudégisile, et que celui-ci, à son tour, si le roi Gontran refusait leur grâce, les conduirait dans un saint asile où nul n'osât attenter à leur sûreté. On confirma par des serments cette double promesse, et l'on en commença aussitôt l'exécution. L'évêque, Mummolus et Waddon allèrent vers Gondovald et lui dirent : « Tu sais quelle fidélité nous t'avons gardée : écoute maintenant notre conseil; tu as souvent demandé d'être conduit à ton frère; le temps est venu. Nous avons parlé à des serviteurs de Leudégisile ; ils disent que Gontran ne veut point ta perte, parce qu'il n'est resté que peu de rejetons de sa race. Sors donc de la ville, tu ne rencontreras point de périls. » Gondovald, soupçonnant leur trahison, leur dit, les larmes aux yeux : « C'est par vos conseils, c'est par suite de votre invitation pressante, que je suis venu dans les Gaules. J'ai apporté avec moi des trésors immenses. Une partie m'a été enlevée par Boson, le reste est enfermé dans Avignon. C'est en vous, après Dieu, que j'avais mis toutes mes espérances; j'ai suivi tous vos avis; c'est par vous seul que je voulais toujours régner. Maintenant j'en appelle à la justice de Dieu; si vous m'avez trompé, c'est lui qui jugera ma cause et qui vous condamnera. » — Notre bouche, répondit Mummolus, n'a point proféré de mensonge. Viens, les hommes de Leudé-gisile t'attendent à la porte. Sois sans crainte, quitte cependant ce baudrier d'or, dont la vue pourrait les offenser. » Gondovald témoignait encore quelque inquiétude ; mais Mummolus lui affirma par serment qu'il ne lui serait fait aucun mal.

Ils sortirent donc, et à la porte de la ville ils trouvèrent Olbon, comte de Bourges, et Gon-tran-Boson qui étaient venus pour recevoir Gon-dovald. Après l'avoir livré, Mummolus et les autres rentrèrent promptement dans la ville et en fermèrent les portes. Et lui, quand il se vit au pouvoir de ses ennemis, levant les mains et les yeux vers le ciel : « Juge éternel, s'écria-t-il, Dieu de justice et de vérité, protecteur de l'in-nocence opprimée, ennemi du mensonge et de la fourberie, c'est en toi que je remets ma cause; venge-moi des traîtres qui m'ont vendu à mes ennemis. » Après avoir dit, il fit le signe de la croix, et se mit à marcher. La montagne est es-carpée et la descente rapide. Parvenu à une fai-ble distance de la porte, Olbon poussa Gondo-vald et le renversa, en criant : « Voilà votre Ballomer qui se dit frère et fils de roi. » En même temps il le frappa de sa lance ; mais la cuirasse amortit le coup, et la lance ne pénétra point. Gondovald s'était relevé, et s'efforçait de re-monter vers la ville, mais une pierre que lui lança Boson le frappa mortellement à la tête.

Bientôt les soldats accoururent ; ils percèrent de coups de lance son cadavre ; ils lui lièrent les pieds avec une corde, et le traînèrent avec dérision à l'entour du camp. Ils lui arrachèrent ensuite la chevelure et la barbe, le ramenèrent au lieu où il était tombé, et l'y abandonnèrent sans prendre aucun soin de sa sépulture.

On profita de la nuit pour enlever de la ville les trésors qui y étaient enfermés. Le jour venu, les portes s'ouvrirent et l'armée s'y précipita. Tout fut passé au fil de l'épée ; les prêtres mêmes ne furent pas épargnés ; quand il ne resta plus un être vivant, on mit le feu aux édifices ; tout fut détruit, et de cette cité il ne resta que le sol désert *.

Mummolus, Sagittaire, Cariulf et Waddon, s'étaient réfugiés au camp de Leudégisile. Celui-ci envoya secrètement demander à Gontran ce qu'il voulait qu'on fît d'eux. « Qu'on les fasse mourir, répondit Gontran. » Waddon et Cariulf n'attendirent pas la réponse du roi ; ils laissèrent leurs enfants en otage, et quittèrent l'armée de Leudégisile. Sur quelque bruit qui vint à Mummolus du danger qui le menaçait, il s'arme et va trouver Leudégisile. Celui-ci en le voyant, lui dit : « Qu'as-tu donc ? pourquoi viens-tu ici

---

* Cette ville a été rebâtie, cinq cents ans après cet événement, par le saint évêque Bertrand, d'où elle a reçu le nom de Saint-Bertrand de Comminges.

comme un fugitif ? » — « Je le vois bien, dit Mummolus, on méprise la foi jurée. J'entends que ma perte est résolue, et déjà tes soldats me menacent. » — « Je vais sortir, dit Leudégisile, et je les aurai bientôt appaisés. » Il sortit en effet, mais pour ordonner aux soldats d'entourer la tente, d'y pénétrer et de tuer Mummolus. Le patrice se défendit longtemps, et avec une grande vigueur ; mais au moment où il voulait sortir, deux soldats l'ayant frappé de leurs lances, il tomba et mourut aussitôt. L'évêque Sagittaire avait été témoin de la mort de Mummolus ; tremblant pour lui-même, il tenta de fuir. Il s'était voilé le visage et cherchait à gagner la forêt voisine, où il eût réussi peut-être à se dérober ; mais on vit sa fuite et on le suivit. Bientôt enveloppé et atteint, on lui trancha la tête à l'instant.

Dans ce temps-là, Frédégonde envoya à Toulouse Cuppan, pour tâcher de lui ramener sa fille. Mais beaucoup de personnes pensent que ce n'était là qu'un prétexte, et que ce messager était destiné à Gondovald, et qu'il était chargé de lui faire les plus brillantes promesses au nom de la reine ; mais quand Cuppan arriva, Gondovald n'existait plus. Il ramena alors Rigonthe, dans un appareil bien différent de celui qui avait signalé son départ de Paris.

Didier s'était mis en sûreté avec ses trésors ; Waddon s'était retiré auprès de Brunehault, qui l'accueillit et lui fit des présents. Cariulf parvint à se réfugier dans la basilique de Saint-Martin.

Cette année-là une famine horrible fit d'affreux ravages dans toute la Gaule. Un grand nombre furent réduits à manger des pépins de raisin, ou des fleurs de noisetier ; d'autres faisaient du pain avec de la racine de fougère desséchée, réduite en poudre et mêlée avec un peu de farine. D'autres encore coupaient le blé en herbe, et essayaient également d'en faire du pain. Beaucoup, qui n'avaient point de farine, mangèrent de l'herbe des champs; leur corps enfla, et les uns moururent de maladie, et les autres de faim. Les spéculateurs, les usuriers, profitèrent de la misère publique pour dépouiller le peuple. Ils vendaient la mesure du blé ou de vin trois fois plus cher qu'elle ne valait. Les pauvres se vendaient eux-mêmes et se soumettaient à l'esclavage, seulement pour un peu de nourriture.

FIN DU SIXIÈME CHAPITRE.

CHAPITRE VII.

SOMMAIRE.

Gontran se rend à Paris pour le baptême de Clotaire II, fils de Chilpéric. — Son séjour à Orléans. — Il visite Grégoire de Tours. — Repas où assiste Grégoire. — Grégoire obtient la grâce de Garachaire et de Bladaste. — Gontran arrive à Paris. — Clotaire ne s'y trouve pas. — Mécontentement de Gontran. — Gontran fait rendre les honneurs funèbres aux restes de Mérovée et de Clovis, ses neveux. — Synode de Mâcon. — Accusation contre Gontran-Boson — Frédégonde envoie des assassins contre Childebert. — Ils sont découverts et punis. — Expédition de Gontran contre l'Espagne. — Frédégonde fait assassiner Prétextat, évêque de Rouen. — Gontran veut rechercher l'auteur de ce meurtre et le punir. — Childebert fait mourir Magnovald. — Frédégonde livre un de ses serviteurs comme meurtrier de Prétextat. — Tentative de Frédégonde pour faire assassiner Gontran. — Les Goths d'Espagne demandent encore la paix.

La vingt-quatrième année du règne de Gontran, ce prince partit de Châlons et arriva à Nevers. Il se rendit à Paris, où il était invité à tenir sur les fonts de baptême le fils de Chilpéric, déjà nommé Clotaire II. De Nevers il vint à Orléans, où on lui fit une réception magnifique. Il fit son entrée dans cette ville, le 4 juillet, jour de la Translation de Saint-Martin; quand il approcha d'Orléans, une foule immense se porta à sa rencontre avec des étendards et des drapeaux, en chantant ses louanges dans des hymnes composés en diverses langues. Les Juifs eux-mêmes criaient : « Vive le roi, et qu'il règne de longues années sur ses peuples. » Mais le roi ne tint pas compte aux juifs de cette flatterie, qui n'avait pour objet que le rétablissement de leur synagogue, détruite depuis longtemps par les chrétiens, et qu'ils voulaient faire relever aux dépens du trésor royal.

Pendant son séjour dans cette ville, il allait manger dans les maisons où il était invité; il recevait et donnait des présents.

Le lendemain matin, le roi en visitant les lieux saints pour faire ses prières, vint dans mon logis, qui se trouvait auprès de l'église de Saint-Avit, abbé. Je me levai plein de joie, je le confesse, pour aller à sa rencontre, et le priai d'entrer dans ma demeure pour recevoir les eulogies de saint Martin. Il accepta avec bienveillance, et étant entré il but le vin bénit, et nous invita, en se retirant, à manger à sa table.

Bertrand, évêque de Bordeaux, et Palladius, évêque de Saintes, se trouvaient alors à Orléans. L'un et l'autre étaient dans la disgrâce de Gontran parce qu'ils avaient embrassé le parti de Gondovald; mais Palladius lui était surtout odieux, parce qu'il l'avait trompé plusieurs fois. Ils avaient déjà été séparés de l'assemblée des autres évêques et des grands du royaume, pour avoir accueilli Gondovald, et avoir, sur un simple commandement de sa part, consacré Faustian, évêque d'Aix. A cet égard, Palladius défendait son métropolitain, en s'accusant lui seul; mais il ajoutait qu'il n'avait agi que malgré lui, et qu'il avait été contraint par la violence. Le roi, malgré son vif mécontentement, se décida à les inviter à sa table, avant même de les avoir vus. Quand ils se présentèrent, il feignit de ne pas reconnaître Bertrand : « Quel est cet homme? » dit-il. — « C'est l'évêque de Bordeaux, » répondit-on. — « Nous vous remercions d'avoir montré tant d'attachement et de fidélité à votre famille, car vous savez bien sans doute, très-cher père, que vous étiez notre parent du côté de notre mère, quand vous avez voulu introduire dans notre royaume, et élever, au-dessus de votre famille, ce misérable étranger. » — Puis, se tournant du côté de Palladius : « Nous n'avons pas de moindres remercîments à vous faire, à vous, évêque Palladius, qui trois fois, ce qui est indigne de la part d'un évêque, avez été parjure envers nous. Vous nous adressiez des lettres pleines de faussetés, par lesquelles vous cherchiez à gagner notre confiance, et en même temps vous invitiez par d'autres lettres celui que vous appeliez notre frère à s'emparer de notre royaume. Dieu a jugé notre cause; pour moi, je me suis toujours attaché à vous traiter comme les pères de l'Église, et vous m'avez toujours trompé. » Puis, s'adressant aux évêques Nicaise et Antidius, il leur dit : « Et vous, très-saints pères, qu'avez-vous fait pour le bien du pays, ou pour la conservation de notre royaume? » Les deux évêques ainsi interpellés ne répondirent rien. Le roi alors se lava les mains, reçut la bénédiction des prêtres et se mit à table en souriant, et avec un visage aussi gai que s'il n'avait pas adressé de vifs reproches un instant auparavant aux prélats dont il avait à se plaindre.

Vers le milieu du repas, le roi m'ordonna de faire chanter mon diacre qui, la veille, pendant la messe, avait entonné les psaumes avec répons. Pendant qu'il chantait, le roi m'ordonna d'en faire faire autant à tous les prêtres et aux clercs qui se trouvaient présents, me chargeant de leur donner le signal, et de distribuer à chacun ses fonctions. J'obéis aussitôt à l'ordre du roi, et, au signal donné, ils chantèrent de leur mieux des psaumes et des répons.

Pendant qu'on apportait les mets sur la table, le roi nous dit : « Toute cette argenterie que vous voyez appartenait au traître Mummolus. Mais maintenant, par la grâce de Dieu, elle est revenue en notre possession. J'ai déjà fait briser quinze plats, aussi grands chacun que le plus grand que vous voyez là; je ne me suis réservé que celui-ci et un autre de cent soixante-dix livres. Qu'ai-je besoin d'en avoir plus qu'il ne m'en faut pour mon usage? Je n'ai pas d'autre enfant, ce qu'il y a de plus malheureux, que mon fils Childebert; mais il a assez pour lui des trésors que lui a laissés son père, et de la portion que je lui ai envoyée de ceux que ce *misé-rable* avait laissés à Avignon. Le reste est destiné à pourvoir aux besoins des pauvres et des églises.

» Pour vous, continua-t-il en élevant la voix, prêtres du Seigneur qui m'écoutez, je vous en conjure, priez la bonté divine de veiller sur mon fils Childebert. C'est un jeune homme sage et rempli de qualités, et l'on trouverait difficilement dans un homme plus âgé autant de prudence et de bravoure. Si Dieu daigne le conserver pour régner sur les Gaules, peut-être relèvera-t-il notre race presque éteinte aujourd'hui. Ce qui me donne cet espoir dans la miséricorde divine, c'est le présage qui accompagna sa naissance; car le saint jour de Pâques, mon père Sigebert entendait la messe, lorsqu'au moment où le diacre achevait la lecture de l'évangile, il entra dans l'église un messager qui prononça ces paroles en même temps que le diacre : *Filius natus est tibi ;* Un fils vous est né ; et le peuple d'une voix unanime, et avec l'accent de la joie et de la reconnaissance, s'écria : *Gloria Deo omnipotenti ;* Gloire au Dieu tout-puissant. De plus, il a reçu le baptême le jour de la Pentecôte, et il a été proclamé roi le saint jour de la Nativité. C'est pourquoi je ne doute pas que si vous priez pour lui, il ne puisse régner avec la grâce de Dieu. » Quand il eut cessé de parler, tous ensemble nous adressâmes des prières au Seigneur pour la conservation des deux rois. Le roi ajouta ensuite : « Il est vrai que sa mère Brunehault menace de me faire périr; mais je ne la crains pas. Le Seigneur, qui m'a arraché des mains de mes ennemis, me délivrera de ses embûches. »

Il parla ensuite avec beaucoup de véhémence contre Théodore, protestant que s'il venait au synode il le ferait de nouveau condamner à l'exil.

Le lendemain le roi alla à la chasse. A son retour, je voulus lui présenter Garachaire, comte de Bordeaux, et Bladaste qui étaient venus se réfugier dans l'église de Saint-Martin, après la défaite de Gondovald dont ils avaient embrassé le parti. J'avais déjà parlé pour eux, mais je n'avais rien pu obtenir; j'employai alors le moyen suivant, et, m'adressant gravement au roi, je lui dis : « O roi, que votre puissance * daigne m'écouter! Voici que j'ai été envoyé en ambassade auprès de vous par mon seigneur, mais que pourrai-je rapporter à celui qui m'a envoyé, puisque je ne puis obtenir de vous aucune réponse? » Le roi me regarda avec étonnement et dit aussitôt : « Et quel est donc ce seigneur qui t'a envoyé? » — C'est, repris-je en souriant, le bienheureux saint Martin, dont je suis ambassadeur. » Le roi comprit alors, et fit introduire les deux suppliants. Quand ils furent en sa présence,

---

* *Audiat potestas tua.* J'ai préféré traduire simplement le mot *potestas* plutôt que d'employer celui de *majesté*, comme l'ont fait d'autres traducteurs.

il leur reprocha vivement leurs perfidies et leurs parjures, leur donnant souvent le nom de fins renards : à la fin, il leur accorda leur pardon, et leur rendit tout ce qu'on leur avait enlevé.

Quelques jours après, le roi vint à Paris ; mais il n'y trouva ni les gouverneurs, ni le jeune roi Clotaire, ni la reine. Il assembla donc les grands, et leur dit : « Mon frère Chilpéric a, dit-on, laissé à sa mort un fils. Ses gouverneurs (nourriciers) et sa mère m'ont prié de le présenter au saint baptême, j'y ai consenti. Le jour fut d'abord pour la Nativité du Seigneur ; ils ne vinrent point. Ils me demandèrent ensuite de remettre la solennité du baptême au saint jour de Pâques ; ils ne vinrent pas davantage. Enfin, ils me demandèrent de remettre la cérémonie à la fête de Saint-Jean ; la voilà venue et ils persistent à ne pas se présenter. On m'a fait sortir inutilement plusieurs fois de ma résidence, me voici arrivé pour la troisième fois, et l'on me cache cet enfant ; on n'ose me le présenter. Le soin qu'on prend de l'éloigner de moi m'inspire des soupçons. Je crois maintenant qu'il est fils de quelqu'un des Leudes ; car s'il était né de ma race on n'aurait pas craint de me l'apporter. Maintenant je vous déclare que je cesse de le reconnaître, à moins qu'on ne m'ait solennellement prouvé et certifié sa naissance. »

Quand Frédégonde apprit cette résolution de

Gontran, elle réunit les premiers de son royaume, au nombre de trois évêques et de trois cents seigneurs qui affirmèrent par serment que Clotaire était fils de Chilpéric. Cette déclaration dissipa tous les soupçons de Gontran.

Gontran déplorait amèrement le meurtre de Clovis et de Mérovée; il aurait bien voulu connaître le lieu où les assassins de ces princes avaient enfoui leurs restes, pour leur rendre les honneurs dus à leur rang. Un jour, se présenta à lui un pauvre pêcheur qui, se prosternant à ses pieds, lui dit : « Assure-moi qu'il ne m'arrivera aucun mal, et je te découvrirai l'endroit où se trouve le corps de Clovis. » Le roi lui jura sûreté, et lui promit même une récompense. Alors le pêcheur reprit : « Ce que je vais te dire, ô roi, est la vérité même, et tu pourras facilement t'en convaincre. Après que Clovis eut été tué, son corps fut mis dans la terre, auprès de la porte d'un oratoire. Mais la reine craignant qu'on le découvrît et qu'on lui rendît les honneurs de la sépulture, fit retirer ce corps de la terre, et ordonna qu'il fût jeté dans la Marne. Il vint s'arrêter dans les filets que j'avais tendus ce jour-là pour prendre du poisson, et c'est là où je l'ai trouvé en les retirant. Au premier moment, je ne savais de qui pouvait être ce cadavre; mais bientôt, à sa longue chevelure, je reconnus que c'était celui de Clovis; je le chargeai sur mes épaules et le portai au rivage. Ensuite je lui creusai secrètement une fosse, et la recouvris de gazon. Voilà toute la vérité ; fais maintenant ce que tu jugeras à propos, pourvu qu'il ne m'arrive aucun mal. » Le roi, satisfait de ce récit, prit prétexte d'une chasse, et se dirigea vers le lieu désigné par le pêcheur. Le corps fut trouvé entier. Une partie de la chevelure, qui se trouvait en dessous du corps, s'était détachée ; mais le reste était intact, et flottait encore, quand on le releva, en longues tresses blondes. Le roi reconnut sans peine que c'était bien là le corps qu'il désirait trouver. Aussitôt il convoqua l'évêque, le clergé, le peuple lui-même, et conduisit avec une pompe magnifique ces tristes dépouilles dans l'église de Saint-Vincent. Il suivait le convoi en manifestant une douleur égale à celle qu'il avait éprouvée en ensevelissant ses propres enfants. On apprit aussi où étaient les restes de Mérovée. L'évêque de Chartres fut envoyé pour les exhumer, et on les plaça avec la même solennité auprès du tombeau de Clovis.

Le roi Gontran convoqua un synode à Mâcon pour faire juger les évêques qui avaient favorisé le parti de Gondovald : celui de Marseille, celui de Bordeaux, celui de Saintes, celui de Cahors, celui de Bazas, celui de Dax. Les évêques d'Austrasie et de Bourgogne devaient assister à ce synode ; mais les derniers seuls s'y rendirent. Gontran, étonné, envoya Félix à Coblentz, où était alors Childebert, afin d'apprendre la cause de ce retard ou de ce refus. « Ils n'iront point, répondit le jeune prince. Mon père a conçu d'injustes ressentiments contre Théodore. Priez-le de ne lui faire souffrir aucune injure, s'il ne veut pas que la discorde se mette de nouveau entre nous. » Gontran fléchit; il renonça à l'accusation contre Théodore; mais ce fut la seule. Peu de jours avant le meurtre de Chilpéric était mort l'évêque de Dax. Chilpéric avait désigné pour son successeur le comte Nicet, qui était frère de l'évêque d'Aire. Lorsque Gondovald entra à Bordeaux, le nouvel évêque n'avait pas été mis en possession de son siége. Gondovald en profita pour annuler sa nomination, et il mit à sa place le prêtre Faustian. Celui-ci fut consacré par les trois évêques de Bordeaux, de Bazas et de Saintes. Cette consécration leur était maintenant imputée à crime. Le synode déposséda Faustian et rendit son siége à Nicet. Les trois évêques furent condamnés à nourrir Faustian tour à tour, et à lui payer cent pièces d'or chaque année. Quant à l'évêque de Cahors, son châtiment fut plus rigoureux; son crime était d'avoir reçu dans sa maison Gondovald; on l'excommunia. Il lui fut interdit pour trois ans de couper ses cheveux et sa barbe, de boire du vin et de manger de la chair, de célébrer la messe, de bénir les églises, d'ordonner les clercs; cependant on lui laissa l'administration temporelle de son église.

Pendant la durée de ce synode, le roi Gontran fut atteint d'une maladie fort grave et qu'on croyait mortelle; mais il guérit en peu de temps.

Dans le même temps, le roi Childebert se trouvait avec ses fidèles à Belsonac, située au milieu de la forêt des Ardennes. Là, la reine Brunehault se plaignit à tous les grands de l'abandon où ils laissaient sa fille Ingonde, qui était encore retenue en Afrique; mais elle obtint peu de consolation.

Une accusation * s'éleva alors contre Gontran-Boson. Peu de jours auparavant une proche parente de sa femme était morte sans enfants. Elle avait été enterrée dans la cathédrale de Metz avec de riches ornements et beaucoup d'or. Il arriva que peu de jours après était la fête de Saint-Remy, qui se célèbre au commencement d'octobre. Beaucoup de monde étant sorti de la ville avec l'évêque, et surtout les seigneurs avec le duc, des esclaves de Gontran-Boson s'introduisirent dans l'église où avait été enterrée sa parente. Ils fermèrent les portes sur eux, ouvrirent le tombeau et enlevèrent tous les ornements précieux qu'ils purent trouver. Les moines de la cathédrale, s'étant aperçus de ce qui se passait,

---

* Ici commence la guerre acharnée que Childebert livre aux grands de son royaume, à ceux surtout qui l'avaient administré pendant sa minorité. Tantôt sous un prétexte, tantôt sous un autre, ils sont exilés et condamnés à mort, dépouilles de tous leurs biens, etc. Brunehault n'était pas é rangère à ces vengeances, qu'elle exerça elle-même avec cruauté, et qu'elle expia plus tard d'une manière si terrible.

vinrent à la porte de la basilique ; mais ils ne purent entrer. Ils allèrent en toute hâte avertir l'évêque et le duc. Pendant ce temps-là les esclaves de Boson étaient montés à cheval et avaient pris la fuite ; mais ensuite, craignant d'être arrêtés et d'être punis par de grands supplices, ils revinrent à l'église, et placèrent les ornements sur l'autel ; mais ils n'osèrent sortir, et ils déclarèrent alors à haute voix qu'ils avaient été envoyés par Gontran-Boson.

Childebert tenait son plaid dans la ville de Belsonac, où nous avons dit qu'il avait réuni les grands de son royaume. Boson fut cité à comparaître, mais il ne répondit pas à cet appel, et prit la fuite. On lui ôta tout ce qu'il possédait en Auvergne et qui provenait du fisc, ainsi que tous les biens qu'il avait usurpés sur diverses personnes.

Dans ce temps-là mourut Waudelin, gouverneur de Childebert ; personne ne le remplaça, et la reine-mère voulut seule veiller sur son fils ; ce qui lui donna dès lors une grande influence dans le gouvernement.

Cette année-là il y eut des pluies si abondantes que tous les fleuves débordèrent et couvrirent les campagnes voisines, dont les productions furent gâtées en grande partie. Les mois du printemps et de l'été furent tellement pluvieux, qu'on se croyait plutôt en hiver qu'en été.

Ingonde, tombée au pouvoir des troupes de l'empereur, était morte en Afrique. Son mari Herménégild avait perdu la vie par ordre de son père Leuvigild. Gontran, se ressouvenant de ses anciens engagements avec ce malheureux prince, résolut de le venger. Il fit marcher une armée contre l'Espagne, avec ordre de s'emparer d'abord de la Septimanie (Languedoc) qui faisait partie des Gaules. Pendant que cette armée était en route, on saisit sur un paysan des lettres adressées à Frédégonde par Leuvigild. On porta cette correspondance au roi Gontran, et on y lut ce passage : « Ne néglige rien pour arrêter la marche de l'armée. Fais que nos ennemis Brunehault et son fils périssent le plus tôt possible ; ensuite tu apaiseras Gontran avec des trésors. Si l'argent te manque, je t'en ferai parvenir secrètement. Quand nous nous serons vengés de nos ennemis, tu récompenseras l'évêque Amilius, et Lauba, respectable matrone, qui nous ont fourni le moyen de te faire parvenir ce message. » Cette Lauba était la belle-mère du duc Bladaste.

Quand le roi Gontran eut lu ces lettres, il en donna connaissance à son neveu Childebert. Cependant Frédégonde avait fait forger deux couteaux, où l'ouvrier avait eu ordre d'empreindre de larges et profondes lignes, destinées à recevoir du poison, afin que si la blessure qu'aurait faite la lame n'eût pas été mortelle, elle le devînt

par l'effet des sucs vénéneux dont ces lignes auraient été remplies. Elle remit ces couteaux à
deux jeunes clercs, et leur dit : « Prenez ces
poignards ; allez auprès de Childebert, sous des
habits de mendiants ; quand vous vous serez ap-
prochés de lui, en lui demandant l'aumône, frap-
pez-le tous les deux, et qu'ainsi Brunehault perde
son arrogance, en perdant son pouvoir qu'elle
ne tient que de son fils. Si les gardes qui sont
autour du jeune roi vous repoussent, au moins
tuez mon ennemie. Je vous réserve un riche sa-
laire ; si vous périssez, je comblerai de biens vos
familles, je les élèverai au premier rang dans
mon royaume. Pour vous, ne craignez rien, et
que la peur de la mort n'entre pas dans vos âmes.
Armez votre cœur d'un mâle courage ; c'est par
les périls et par le mépris de la mort que tant de
braves guerriers sont tombés sur les champs de
bataille ; c'est ainsi qu'ils ont obtenu la noblesse,
et qu'ils ont acquis la fortune, qui les rendent
aujourd'hui les premiers de la nation. » Ces paroles de la reine n'empêchèrent pas les jeunes
clercs de trembler en pensant aux difficultés
que présentait l'accomplissement de ses ordres.
Quand elle vit leur hésitation, elle leur fit prendre un breuvage qui les remplit tout à coup
de forces et de courage. Ils promirent tout et
partirent. Au moment de leur départ, la reine
leur donna un vase plein de son breuvage, en
leur disant : « Le matin du jour où vous devez

exécuter ce que j'ordonne, prenez ce breuvage, il vous donnera plus de force et de confiance. »

Ils allèrent donc ; mais, à leur arrivée à Soissons, le duc Rauchingue, à qui le commandement de cette ville avait été remis par Gontran, conçut quelques soupçons, les fit arrêter et interroger ; ils avouèrent tout, et furent envoyés en prison. Quelques jours après, Frédégonde, persuadée que ses ordres avaient été exécutés, envoya un de ses serviteurs pour savoir quel bruit courait dans le peuple, et si la nouvelle de la mort de Chilpéric était déjà répandue. Il suivit le chemin qu'avaient pris les clercs, et il apprit à Soissons ce qui leur était arrivé. Il se rendit à la porte de la prison, pour tâcher de pénétrer jusqu'à eux ; mais, au moment où il commençait à parler aux gardes, il fut arrêté lui-même et chargé de liens. Rauchingue les fit conduire tous les trois devant le roi Childebert. Quand ils furent interrogés, ils confessèrent leur crime, et entrèrent dans tous les détails des instructions et des ordres que leur avait donnés Frédégonde. On les condamna à mort, et ils périrent au milieu des supplices.

Cependant Gontran faisait marcher son armée contre l'Espagne. Il voulait, comme nous l'avons dit, soumettre la Septimanie : « Car il était honteux, disait-il, que ces horribles Goths étendissent leur domination jusque dans les Gaules. »

L'armée était divisée en trois corps. Le pre-

mier composé de soldats levés dans les pays de
la Saône, du Rhône, de la Seine et de la Bourgogne, parvint jusqu'à Nîmes, après avoir marqué sa route par d'horribles dévastations, faites
dans leur propre pays. Les bords de la Saône et
du Rhône furent entièrement ravagés. Le meurtre, l'incendie, le pillage signalaient leur passage. Les églises mêmes, les prêtres et les clercs
n'étaient pas épargnés.

Le second corps, formé des troupes du Berry,
de Saintes, de Périgueux, d'Angoulême, et des
autres villes soumises à Gontran, s'avancèrent
jusqu'à Carcassonne, en ravageant de même tout
le pays qu'ils parcouraient. Mais, s'étant appro-
chés de la ville, les habitants ouvrirent les portes,
sans faire aucune résistance. Cependant il s'éleva
bientôt une querelle dont j'ignore la cause*, entre
eux et les Francs, qui furent contraints de sortir
de la ville. Térentiolus, comte de Limoges, fut
atteint et tué par une pierre lancée du haut des
murailles. Les habitants lui coupèrent la tête, et
l'emportèrent comme un trophée dans la ville.
Toute cette multitude indisciplinée, saisie de
frayeur, ne songea plus qu'à fuir, abandonnant
tous les bagages et le butin dont elle était chargée. Mais les Goths les poursuivaient dans leurs

---

* A peine les Francs furent-ils entrés qu'ils quittèrent leurs
rangs pour piller. Au milieu de la confusion, les habitants, in-
dignés, reprirent courage, assaillirent tout à coup les Francs,
pendant qu'ils étaient chargés de butin et dispersés, et les accablèrent sans peine. (*Peyronnet. Hist. des Francs*, liv. v.)

retraites, les pressaient, les devançaient dans les passages difficiles et les accablaient. Il en fut fait d'horribles massacres. Quand ils eurent atteint le territoire de Toulouse, on s'y souvint de leurs pillages, et on les traita en ennemis ainsi qu'ils s'étaient montrés. Il n'en revint dans leur pays qu'un faible nombre.

Le premier corps, qui s'était avancé jusqu'à Nîmes, ne put entrer dans cette ville, qu'il trouva fermée, et prête à faire une longue résistance. Les soldats se contentèrent de faire des dégâts dans les environs, de couper les oliviers et les vignes, d'incendier les blés, de brûler les maisons. Ils allèrent ensuite attaquer d'autres villes; mais ils les trouvèrent fortifiées, approvisionnées, préparées à une longue défense. Leurs efforts furent impuissants.

Un troisième corps d'armée, tiré de l'Auvergne et commandé par le duc Nicet, assiégeait aussi des villes, mais sans succès. Une seule forteresse lui ouvrit ses portes, mais après qu'on eut juré qu'il ne serait fait aucun mal aux habitants, et qu'on se conduirait envers eux comme avec des amis et des alliés. Mais quand les soldats y furent entrés, violant traîtreusement la foi jurée, ils pillèrent tout et emmenèrent les habitants en captivité. Après cette action, ils s'en retournèrent chacun chez eux.

Ils avaient commis tant de dégâts sur leur passage et dans leur propre pays, qu'à leur retour ils ne trouvèrent qu'un vaste désert, où ils périssaient de faim et de misère. Plusieurs se noyèrent en passant les rivières; un grand nombre périt dans des querelles et des révoltes qui éclataient entre eux; on en évalua le nombre à près de cinq mille. Mais le sort de ceux qui avaient succombé n'empêcha pas ceux qui survivaient de continuer leurs désordres. Ils ne cessèrent que quand ils furent chacun rendus chez eux.

Gontran fut profondément affligé. Les généraux qui avaient commandé cette armée, craignant sa juste colère, se réfugièrent à Autun, dans l'église de Saint-Symphorien martyr. Le roi vint dans la ville pour célébrer la fête de ce saint. Les chefs s'engagèrent à sortir de la basilique, à condition qu'on entendrait leur défense. Le roi donc assembla un plaid, où furent appelés quatre évêques et plusieurs seigneurs laïcs. « Comment, leur dit-il, pourrions-nous maintenant obtenir des succès, nous qui, loin d'imiter l'exemple de nos pères, foulons aux pieds ce qui leur a donné la victoire? S'ils ont triomphé si souvent, c'est moins par leur courage que par leur foi. Ils élevaient des églises, honoraient les martyrs, vénéraient les prêtres, protégeaient les pauvres et mettaient leur confiance en Dieu seul. Nous, au contraire, loin d'avoir la crainte de Dieu, nous profanons les choses sacrées, nous égorgeons les ministres des autels, et nous dérobons les saintes reliques. Comment peut-on espérer la victoire quand on commet de tels forfaits? Aussi nos mains sont sans vigueur, nos épées sans force ; nos boucliers sans défense. Si le mal vient de mes fautes, je suis prêt à dévouer ma tête à la vengeance Divine. Mais s'il vient des vôtres, si vous avez méprisé mes commandements, et trahi mes desseins, la hache doit frapper votre tête. Ce sera pour l'armée entière un salutaire avertissement, quand elle verra punir un de ses chefs. Il vaut mieux la perte de quelque coupable que si la colère de Dieu s'appesantissait sur tout ce royaume. »

Les chefs répondirent : « Roi miséricordieux, roi plein de bonté, et de magnanimité, il serait difficile de raconter vos vertus. Quelle crainte de Dieu ! quel amour de son église ! quel respect envers les prêtres ! quelle commisération, quelle bienfaisance envers les pauvres et les malheureux ! nous reconnaissons la justice et la vérité de vos paroles, mais de quoi peuvent répondre les chefs de l'armée quand le peuple entier tombe dans l'iniquité ? Tout homme, qui se complaît dans le mal, ne craint et respecte ni le roi, ni un duc, ni un comte. Si les chefs entreprennent d'arrêter le mal, on se soulève contre eux ; la sédition éclate, le désordre redouble, on les menace, et ils échappent même avec peine à la violence, en gardant un silence forcé. »

Le roi reprit : « Nous ne connaissons que la justice ; que celui qui l'observe vive, que celui qui la viole périsse. Proclamer d'autres principes est un blasphème que nous ne saurions entendre plus longtemps. »

Le roi parlait encore quand des messagers arrivèrent, dont les récits suspendirent ce grave procès. Récarède, fils de Leuvigild, était venu d'Espagne avec une armée. Il s'était emparé du château de Cabarat, il avait ravagé une partie du territoire de Toulouse, et de celui d'Arles, enlevant du butin et des prisonniers ; il avait pris le château de Beaucaire, et s'était enfermé dans Nîmes.

Aussitôt le roi choisit Leudégisile pour remplacer le duc Calomniosus, surnommé Agïlan. Il lui confia toute la province d'Arles, avec un corps de plus de quatre mille hommes pour garder les frontières. Nicet, duc d'Auvergne, fut envoyé dans cette province avec des troupes pour en défendre les frontières.

Vers ce temps-là, Frédégonde, qui avait fixé sa résidence à Rouen, eut une contestation vive avec l'évêque Prétextat ; des paroles amères s'échangèrent entre eux. « Il viendra un temps, lui dit-elle, où tu retrouveras ton exil. » — « Que je sois exilé ou libre, lui répondit Prétextat, je ne cesserai point d'être évêque. Mais toi, il y aura un jour où tu auras cessé d'être reine. Nous, avec l'assistance de Dieu, nous nous élèverons de l'exil au céleste royaume ; toi, par sa justice, tu tomberas de ton royaume terrestre au fond des abîmes. Il t'eût fallu faire pénitence et dépouiller l'orgueil qui fermente en toi, pour obtenir la récompense des saints, et conduire jusqu'à âge d'homme le fils que tu as enfanté. » Ces paroles blessèrent le cœur de Frédégonde, et mirent le comble à sa haine et à sa fureur.

La fête de Pâques arriva. L'évêque était allé dès le commencement du jour célébrer les offices à la cathédrale, selon la coutume. Pendant qu'il chantait les psaumes, assis dans sa stalle, un meurtrier se glissa furtivement jusqu'à lui, et le frappa de son couteau sous l'aisselle. L'évêque pousse un cri, appelle les clercs à son secours; mais il était trop tard, et au milieu du trouble l'assassin s'enfuit. Cependant Prétextat étend ses mains sanglantes vers l'autel, pour offrir à Dieu le sacrifice de la vie. Aussitôt ses serviteurs accourent, l'enlèvent dans leurs bras, et le portent sur son lit.

Bientôt Frédégonde, accompagnée de Beppoline et d'Ausovald, se présenta devant lui. « Nous regrettons, ainsi que tout le peuple, dit-elle, cette détestable profanation. Plût à Dieu qu'il nous en fît connaître l'auteur, afin qu'il nous fût possible de lui infliger la peine due à son crime. » — « L'auteur, répondit l'évêque, qui n'était pas dupe de sa fourberie, mais c'est l'auteur de tant d'autres crimes, qui a fait assassiner le roi, qui a si souvent versé le sang inno-

cent, et qui a causé tant de mal à ce royaume. »
Poussant l'audace et l'hypocrisie encore plus
loin, cette femme feignit de ne pas comprendre.
« Nous avons avec nous d'habiles médecins, ajou-
ta-t-elle, ils pourront guérir ta blessure. Per-
mets-nous de te les envoyer. » — « Dieu me
rappelle, reprit Prétextat. Toi, de qui sont venus tous ces crimes, tu seras maudite dans les
siècles, et tu paieras à Dieu le prix de mon
sang. » A ces mots elle se retira. L'évêque mit
ordre à ses affaires, et mourut quelques instants
après. Il fut enterré par Romacaire, évêque de
Coutance.

La consternation fut universelle à Rouen, et
surtout parmi les chefs des Francs. L'un d'eux
alla voir Frédégonde, et lui dit : « Tu avais déjà
commis bien des crimes, mais celui-ci l'emporte
sur tous. Que Dieu venge promptement le
sang innocent ! Nous poursuivrons tous à l'envi
le châtiment de ce meurtre ; car il est temps de
mettre un terme à tes cruautés. » Ces paroles
dites, il s'éloigna et voulut sortir ; mais Frédégonde l'envoya convier à sa table. Le chef refusa.
La reine envoya de nouveau, insistant pour qu'au
moins il ne sortît pas de la maison royale sans y
avoir pris quelques rafraîchissements. Cette fois
il accepta. On lui apporta une coupe pleine d'un
breuvage mêlé, à la manière des barbares, de
vin, d'absinthe et de miel ; mais un poison sub-
til avait été ajouté à cette boisson. A peine eut-

il achevé de boire qu'il se sentit saisi d'atroces douleurs, comme si on lui eût déchiré les entrailles. « Fuyez, malheureux, cria-t-il à ceux qui l'accompagnaient, fuyez; si vous ne voulez pas mourir comme moi. » Ils s'enfuirent; lui-même, remontant avec effort à cheval, il essaya de les suivre; mais à trois stades * de là il tomba mort.

Leudovald, évêque de Bayeux, écrivit à tous les prêtres, et, après avoir tenu conseil, il ordonna que toutes les églises restassent fermées, et les saints offices suspendus, jusqu'à ce qu'on eût découvert les auteurs du crime. Quelques-uns furent arrêtés, et mis à la torture; ils déclarèrent unanimement que le meurtre avait été commis par l'instigation de Frédégonde; mais celle-ci le niait avec force. Le zèle de Leudovald le mit même en péril. Des assassins furent envoyés contre lui; mais il était sur ses gardes, et ce nouveau crime ne s'accomplit pas.

Gontran partagea l'indignation générale. Il envoya trois évêques auprès du jeune Clotaire, qui passe pour le fils de Chilpéric **. C'étaient Arthémius, évêque de Sens; Véran, évêque de Cavaillon, et Agrécius, évêque de Troie. Leur charge était de se concerter avec les gouverneurs du jeune roi, pour rechercher l'auteur du cri-

* Environ huit cent cinquante pas.
** Il parait que le serment des Leudes n'avait pas inspiré à Grégoire de Tours la même confiance qu'à Gontran.

me, et le faire amener en sa présence. Quand les évêques eurent déclaré l'objet de leur mission, les grands répondirent : « Nous gémissons profondément sur ces crimes, et en souhaitons avec ardeur la vengeance. Mais nous avons pleine autorité pour la prendre ; la justice de notre roi nous suffit. Le coupable, s'il est parmi nous, ne doit point subir celle du vôtre. » — Les évêques insistèrent. « Nous vous déclarons que si on refuse de nous livrer le coupable, notre roi viendra avec une armée porter la flamme et le fer dans ce pays ; car il est évident que la même main, qui a mis le poison dans la coupe du Franc, a dirigé le poignard contre Prétextat. » Ils se retirèrent sans rien obtenir ; ils protestèrent toutefois contre la réintégration de Mélantius sur le siége de Rouen, siége qu'il avait déjà occupé pendant l'exil de Prétextat.

Des ambassadeurs vinrent d'Espagne avec de grands présents, pour demander la paix au roi Gontran ; mais ils n'obtinrent pas de réponse positive. Car l'année précédente, pendant la guerre de Septimanie, des vaisseaux qui se rendaient des Gaules en Galice, avaient été pris par ordre du roi Leuvigild. Leur chargement avait été enlevé ; un grand nombre de ceux qui les montaient avaient été massacrés, plusieurs mis en esclavage ; quelques-uns à peine s'étaient sauvés sur de faibles barques, et vinrent dans leur patrie raconter ce qui leur était arrivé.

Magnovald, un des plus puissants ducs d'Austrasie, fut tué par ordre de Childebert II, pour des motifs que nous ignorons. Le roi était à Metz; un jour qu'il s'amusait à regarder du haut des fenêtres de son palais un combat d'animaux, il fit appeler Magnovald. Il se présente sans se douter de rien, et rit aux éclats comme les autres spectateurs. Mais l'homme qui avait reçu les ordres secrets du roi, saisissant l'instant où il voit Magnovald tout occupé de ce spectacle, lui abat la tête d'un coup de hache. Son corps fut aussitôt jeté par la fenêtre, et recueilli par les siens, qui lui donnèrent la sépulture. Ses maisons furent pillées, et le fisc s'empara de tout ce qui lui avait appartenu. On répandit le bruit qu'il avait été mis à mort parce qu'il avait lui-même tué sa femme, pour épouser la veuve de son frère *.

Quelque temps après Childebert eut un fils ** qui fut reçu sur les fonts de baptême par Ma-

---

* Mais aucune enquête n'avait été ouverte contre lui; loin de lui donner occasion de se justifier, on ne lui avait pas même laissé soupçonner qu'il fût dans la défaveur du prince. La véritable cause de la mort de Magnovald était la haine et la crainte qu'inspiraient à Brunehault et à son fils les grands du royaume qui avaient administré l'état pendant douze ans, et qui voyaient aujourd'hui avec jalousie le jeune roi leur échapper, et passer tout entier sous l'influence de sa mère.

** Brunehault avait fait marier son fils très-jeune; elle avait choisi elle-même son épouse. Elle se nommait Faileube, et elle était entièrement dévouée à Brunehault. Aussi elle ne se servait de son influence sur son mari que pour seconder Brunehault.

gueric, évêque de Trèves, et fut nommé Théodebert. Le roi Gontran eut tant de joie de cet événement, qu'il envoya des ambassadeurs à son
neveu pour le féliciter, et offrir des présents à
l'enfant. Il disait : « C'est par lui que Dieu dai-
gnera relever le royaume des Francs, pourvu
qu'il conserve le père à l'enfant, et l'enfant au
père. »

La onzième année du règne de Childebert,
des ambassadeurs vinrent de nouveau d'Espagne
pour demander la paix, mais ils ne purent encore rien obtenir. Récarède, fils de Leuvigild, s'a-
vança jusqu'à Narbonne; il commit quelques
dégâts sur les frontières des Gaules, puis se
retira.

Comme le bruit s'était répandu partout que
Frédégonde avait fait mourir l'évêque Prétextat,
elle imagina, pour se laver de ce crime, de faire
saisir un de ses serviteurs, qu'elle livra au neveu
de l'évêque, disant que c'était lui qui avait conçu et commis le crime, et se plaignant, avec de
grands témoignages de douleur, qu'il en eût
attiré sur elle la honte et le blâme. Le neveu de
l'évêque fit mettre ce misérable à la torture; il
confessa effectivement qu'il avait tué Prétextat,
mais d'après les ordres de Frédégonde. « La
reine, dit-il, m'a donné cent sous d'or; l'évêque
Mélantius m'en a donné cinquante, et l'archi-

diacre cinquante autres; et de plus on m'avait promis ma liberté et la liberté de ma femme. » A ces mots, le neveu de Prétextat se précipite, l'épée à la main, sur ce malheureux et le met en pièces. *Frédégonde, rassurée désormais sur l'accusation dont elle avait été l'objet, ne craignit pas de rétablir Mélantius sur le siége épiscopal de Rouen.

Le duc Beppolène, mécontent de la manière dont le traitait Frédégonde, se retira auprès du roi Gontran. Ce roi lui conféra la puissance ducale sur les villes qui appartenaient au jeune Clotaire. La plupart reçurent et reconnurent Beppolène; mais d'autres refusèrent et lui résistèrent. Rennes fut de ce nombre. Réduit à en faire le siége, Beppolène confia cette entreprise à son fils. Mais celui-ci se laissa surprendre. Attaqué lui-même avant d'avoir attaqué, il fit, pour réparer cette faute, de grands et nombreux efforts de courage. Ce fut en vain, il fut défait et tué.

---

* Il est difficile, dit M. de Peyronnet dans son *Histoire des Francs*, liv. v, d'expliquer cette dernière action... Était-elle, comme on l'a dit, d'intelligence avec le neveu de l'évêque? craignait-elle que le meurtrier ne tombât au pouvoir du roi de Bourgogne, et que ce prince ne s'autorisât de ses révélations pour la poursuivre de nouveau et pour la perdre? avait-elle besoin à la fois d'un commencement de justice pour désarmer les accusateurs, et de la prompte mort du coupable pour faire disparaître le seul témoin qu'elle redoutât? Espérait-elle faire penser au peuple qu'elle n'était pas son complice, puisqu'elle l'avait livré elle-même?... On ne pénètre point ces motifs; mais s'ils ne furent pas justes, au moins ne furent-ils pas démentis par l'événement, car depuis ce jour il ne se fit plus aucune poursuite.

De son côté, Frédégonde, voulant à la fois braver Gontran et punir le duc, saisit toutes les terres que celui-ci possédait dans les contrées où il n'avait pas établi son autorité.

Elle ne s'en tint pas là. Des députés allèrent par son ordre vers Gontran, sous le prétexte de quelque affaire qui touchait aux intérêts de son fils. Les lettres remises, et la réponse reçue, les députés prirent congé du roi; mais je ne sais sous quel prétexte ils restèrent encore un peu de temps dans la résidence royale. Le lendemain matin, le roi se rendant à son oratoire pour assister aux matines, on aperçut, à la lueur des flambeaux de cire qu'il faisait porter devant lui, un homme caché dans un angle de l'oratoire, et qui paraissait plongé dans un sommeil causé par l'ivresse. Il portait une épée au côté, et sa lance était appuyée contre la muraille. A cette vue, le roi s'écria qu'il n'était pas naturel qu'un homme vînt tout armé passer la nuit dans un pareil lieu. On le saisit, on le chargea de chaînes, et on lui demanda ce qu'il était venu faire où on l'avait trouvé. D'abord il garda le silence; mais, appliqué à la torture, il avoua bientôt qu'il avait été chargé par les envoyés de Frédégonde de tuer Gontran. On les arrêta aussitôt; mais ils nièrent avec persévérance, disant qu'ils n'étaient venus que pour apporter au roi les lettres qu'ils lui avaient remises et en obtenir une réponse. Alors Gontran ordonna que l'homme fût retenu en pri-

;son et que les envoyés fussent exilés. Mais tout le monde demeura convaincu que leur mission n'était qu'une fourberie préparée par Frédégonde pour tuer le roi ; mais la miséricorde divine n'a pas permis l'accomplissement de ce crime. Parmi ces envoyés était le duc de Baddon.

Les ambassadeurs d'Espagne se succédaient presque sans interruption auprès de Gontran. Mais ce prince, bien loin de renoncer à la guerre, la reprit avec une nouvelle ardeur. Il envoya contre les Goths le duc Didier, dont il avait eu à se plaindre quelque temps auparavant, mais auquel il avait fait grâce. Le duc leva des troupes dans le territoire de Toulouse, et, prenant avec lui le comte Austrovald, il marcha contre Carcassonne. Les habitants de cette ville, qui avaient eu connaissance de ces mouvements, s'étaient préparés à faire une vigoureuse défense. Les Goths allèrent au-devant de lui ; il les combattit et les mit en fuite. Didier et Austrovald se mirent à leur poursuite, le duc arriva seul jusqu'auprès de la ville, suivi d'un très-petit nombre des siens. Leurs chevaux épuisés par la fatigue du combat n'avaient pu poursuivre. Ceux de la ville voyant une si faible troupe à leurs portes, sortirent, et l'enveloppèrent. En peu d'instants, le duc et tous ceux qui étaient avec lui succombèrent. A peine quelques-uns parvinrent à s'échapper, pour en porter la nouvelle.

Austrovald, apprenant la mort de Didier, revint sur ses pas. Il se rendit ensuite auprès du roi. qui le nomma duc de cette province à la place de Didier.

Sur ces entrefaites, Leuvigild mourut, après avoir renoncé publiquement à l'arianisme, et avoir confessé la foi catholique. Son fils Récarède lui succéda.

FIN DU SEPTIÈME CHAPITRE.

CHAPITRE VIII.

SOMMAIRE.

On tente d'assassiner le roi Gontran. — Gontran-Boson cherche à rentrer en grâce. — Conspiration des grands d'Austrasie. — Rauchingue est mis à mort. — Révolte d'Ursion
et de Berthefried. — Entrevue de Gontran et de Childebert.
— Gontran-Boson est condamné à mort. — Traité d'Andlaw entre Gontran, Childebert et Brunehault. — Ursion et
Berthefried sont attaqués et tués. — Récarède embrasse la
religion catholique. — Grégoire de Tours et l'évêque Félix
sont envoyés comme ambassadeurs par Childebert à son
oncle Gontran. — Détails sur cette ambassade. — Peste de
Marseille. — Expédition malheureuse de Childebert contre
les Lombards. — Mort de la reine Ingoberge. — Nouveaux
projets d'attaque de Childebert contre la Lombardie. —
Expédition de Gontran en Septimanie. — Malheurs de cette
expédition; mécontentement de Gontran contre son neveu
Childebert. — Une scène en're Frédégonde et sa fille Rigonthe. — Conjuration contre Childebert découverte. — Punition des coupables.

Après la mort de Leuvigild, roi d'Espagne, son
fils Récarède rechercha l'affection et les conseils de Gonsuinthe, veuve de son père, et la
regarda comme sa propre mère. Elle était mère
de Brunehault, et aïeule de Childebert II. Récarède était fils d'une autre femme de Leuvigild.
Elle le détermina à envoyer des ambassadeurs
aux rois Gontran et Childebert pour rechercher
la paix. Ceux qui devaient aller vers Gontran
reçurent ordre, de la part de ce roi, de s'arrêter

à Mâcon. Il envoya savoir quel était l'objet de leur mission, mais il refusa de les recevoir. Les ambassadeurs envoyés à Childebert furent accueillis avec amitié ; ils donnèrent et reçurent des présents, et se retirèrent avec une réponse favorable à la paix.

A la fête de Saint-Marcel qui se célèbre à Châlons au mois de septembre, le roi Gontran, après avoir assisté à l'office solennel, se présenta au saint autel pour recevoir la communion. En ce moment un homme s'approcha de lui comme pour lui parler. En se bâtant d'avancer, il laissa échapper un couteau qu'il portait. A l'instant on l'arrête, et l'on trouve sur lui un second couteau ouvert. Aussitôt il est entraîné hors de l'église, chargé de chaînes et appliqué à la torture. Il avoua dans les tourments qu'il avait été envoyé pour tuer le roi par quelqu'un qui savait que Gontran était toujours entouré de gardes dans la crainte des assassins, excepté à l'église où il allait plein de sécurité, se fiant sur la protection du lieu saint. Plusieurs de ceux qu'il avait nommés furent pris et mis à mort. L'assassin fut battu de verges, mais le roi lui fit grâce de la vie, parce qu'il pensait qu'il n'était pas permis de faire périr un homme qu'on avait arraché de l'église, où il aurait dû trouver un asile inviolable.

Cette année le roi Childebert eut un second

fils, qui fut tenu sur les fonts de baptême par Vérames, évêque de Châlons, et reçut le nom de Théodoric.

Gontran-Boson, se voyant dans la disgrâce de la reine, s'adressait aux évêques et aux grands pour obtenir, par leur intervention, le pardon de celle qu'il méprisait autrefois. Car, pendant la minorité de Childebert II, il avait souvent attaqué la reine Brunehault par des propos injurieux et piquants, et toujours il s'était montré le partisan des injustices ou des insultes dont elle était l'objet de la part de ses ennemis. Mais le roi, voulant venger sa mère, ordonna de le poursuivre et de le tuer. Dans un tel danger, le duc gagna l'église de Verdun, et implora la protection de l'évêque Agéric, qui avait tenu le roi sur les fonts sacrés du baptême. Le pontife se hâte d'aller trouver le roi, et implore la grâce de Boson. Childebert, qui ne pouvait rien refuser à l'évêque, lui accorda sa demande, et dit : « Qu'il vienne; qu'il donne caution, et qu'il aille ensuite vers mon oncle Gontran; ce qu'il décidera, je l'accomplirai. » Alors on l'amena, sans armes et les mains liées, à la résidence du roi, à qui l'évêque de Verdun le présenta. Se prosternant aux pieds du roi, il dit : « J'ai failli envers toi et envers ta mère, en méprisant ses ordres et les tiens, en agissant d'une manière contraire à votre volonté et au bien public. Je confesse mes fautes, et je te prie de me les pardonner. » Le roi le fit relever, et, le rendant à l'évêque, il lui dit : « Je le remets en ta puissance, ô vénérable prélat ; je te charge de le garder jusqu'à ce qu'il soit présenté au roi Gontran. » A ces mots, il le congédia.

Peu de temps après, le duc Rauchingue, sous prétexte de quelques conventions proposées pour la sûreté des deux royaumes de Soissons et de Metz, s'était concerté avec les principaux du royaume de Clotaire II, et ils avaient ensemble arrêté le projet suivant. On devait tuer le roi Childebert. Rauchingue prendrait Théodebert, l'aîné de ses fils, et irait gouverner en son nom la Champagne; Ursion et Berthefried s'empareraient du plus jeune, nommé Théodoric, renverseraient Gontran, et, sous le nom de leur prince, encore au berceau, ils règneraient dans tous les pays qui n'étaient pas attribués à Rauchingue. Ils étaient surtout irrités contre Brunehault, qu'ils voulaient réduire à l'état d'abaissement où ils l'avaient tenue pendant la minorité de son fils.

Rauchingue, déjà enivré de la puissance suprême dont il allait être revêtu, et qui lui livrerait en quelque sorte le sceptre royal entre les mains, ne songeait plus qu'au moyen d'approcher de Childebert, et d'exécuter le plan tracé par la conjuration. Mais la providence divine permit que Gontran fût instruit de ces projets. Il envoya aussitôt un messager à Childebert, pour le prévenir secrètement de toutes ces machinations; puis il l'engageait à une entrevue pour régler ensemble les mesures qu'exigeait ce nouveau péril.

Childebert voulut sur-le-champ approfondir les faits qui venaient de lui être révélés; il en eut bientôt acquis la preuve. Alors il manda Rauchingue, et dès qu'il le sut arrivé, avant même de lui donner audience, il fit partir en secret des émissaires chargés de saisir ses biens dans tous les lieux où il en avait. Ensuite on l'introduisit auprès du roi; celui-ci l'entretint de choses indifférentes, et enfin le congédia. Au moment où Rauchingue sortait, à la porte même de la chambre, deux gardes le saisirent précipitamment par les jambes, et le renversèrent. Il tomba sur l'escalier, de manière qu'il avait une partie du corps dans l'appartement, et l'autre au dehors. Au même moment, des soldats apostés le frappèrent à coups redoublés sur la tête, et le tuèrent. Aussitôt on le dépouilla. on le jeta par la fenêtre, et enfin on l'ensevelit. Il était léger dans ses mœurs; sa cupidité était effrénée, et son ambition égalait sa cupidité. Il voulait se faire passer, comme Gondovald, pour un fils de Clotaire. On lui trouva des richesses immenses.

Après sa mort, un de ses serviteurs courut promptement porter cette nouvelle à sa femme.

Au moment où il arriva, elle traversait la place de Soissons pour se rendre à l'église de Saint-Crépin et Saint-Crépinien, dont on célébrait la fête ce jour-là. Elle était magnifiquement parée de riches vêtements ornés de pierres précieuses; elle était à cheval, précédée et suivie d'une foule de serviteurs. En apercevant celui qui lui apportait de si tristes nouvelles, elle arracha ses brillantes parures et les jeta à terre, puis elle se retira dans l'église de Saint-Médard, espérant trouver un refuge sous la protection de ce saint confesseur.

Les serviteurs, envoyés par le roi pour s'emparer de ses richesses, en trouvèrent plus qu'on n'en eût trouvé même dans le trésor public. Tout fut confisqué au profit du roi.

Le jour de la mort de Rauchingue, il y avait auprès du roi un grand nombre d'habitants de Tours et de Poitiers. Si le complot contre la vie du roi eût pu s'exécuter, on devait détourner sur eux le soupçon du crime; on les eût fait promptement périr dans les tourments, et les conjurés eux-mêmes se seraient montrés hardiment comme les zélés vengeurs de la mort du roi. Mais le Seigneur confondit leurs perfides desseins, et ainsi s'accomplit cette parole de l'Écriture: *Tu tomberas toi-même dans la fosse que tu auras creusée pour ton frère.*

Déjà Ursion et Berthefried, ne doutant point

que Rauchingue n'eût accompli le projet dont
ils étaient convenus ensemble, s'avançaient avec
une armée. Mais, en apprenant la mort de Rauchingue, ils virent bien que le complot était découvert; alors ils augmentèrent encore le nombre
de leurs soldats, et se retirèrent, avec toutes
leurs richesses, dans la forteresse de Vaivres,
non loin de la maison de campagne d'Ursion, ré-
solus de s'y défendre contre les attaques de Childebert. C'était Ursion qui avait conçu et dirigé
la conjuration; aussi la reine Brunehault envoya
en secret vers Berthefried, et lui fit dire « qu'il
se séparât d'Ursion s'il voulait conserver la vie;
que s'il refusait il périrait avec lui. » La reine
d'ailleurs voulait du bien à Berthefried, dont
elle avait tenu la fille sur les fonts baptismaux.
Berthefried repoussa ce moyen de salut. « Je puis
en effet être séparé de lui, dit-il, mais par la
mort seulement. »

Pendant que ces choses se passaient, le roi
Gontran envoya de nouveau auprès de son neveu pour lui demander une prompte entrevue,
devenue indispensable, afin d'aviser ensemble
aux mesures qu'il serait nécessaire de prendre,
tant pour leur sûreté personnelle que dans l'intérêt public. Childebert ne différa point, et vint
au-devant de son oncle; sa mère, sa femme et
sa sœur étaient avec lui. Magueric, évêque de
Trèves, s'y trouvait aussi, ainsi que Gontran-

Boson, qui·avait été confié à la garde d'Agéric, évêque de Verdun. Celui-ci ne parut point, parce qu'il avait été convenu que Gontran-Boson se présenterait seul et sans défenseur devant le roi, qui devait prononcer sur son sort. Mais, quand les deux rois furent réunis, ils décidèrent qu'il méritait la mort, à cause des nombreuses trahisons dont il s'était rendu coupable. Lui, dès qu'il fut informé de sa condamnation, se réfugia dans la maison de Marguerie; il l'enferme avec lui dans une chambre, loin de ses clercs et de ses serviteurs, et, tenant à la main son épée nue, il dit à l'évêque : « Tu es en grand honneur au-près des deux rois; tu as présenté l'aîné des fils de Childebert au baptême, ils ne refuseront rien à tes prières. Obtiens d'eux ma vie, ou tu mour-ras de ma mort. Voici que ceux qui ont été envoyés pour me tuer sont déjà à ta porte. Si tu ne me garantis pas de la mort, je te tuerai ; ensuite je sortirai et j'irai mourir. Reste donc bien con-vaincu que nous mourrons ensemble, ou que nous vivrons. » L'évêque, troublé d'un pareil discours, lui dit : « Que puis-je faire si tu me tiens enfermé ici ? laisse-moi donc sortir, afin que j'aille implorer la miséricorde des rois. » — « Ne l'espère point, reprit le duc; envoie tes ab-bés et tes vicaires, et qu'ils fassent connaître la demande que je t'ai adressée. » Ceux-ci allèrent en effet, mais ils ne rapportèrent pas exactement au roi comment les choses s'étaient passées. Ils

dirent simplement que l'évêque demandait la grâce de Gontran-Boson. Le roi, irrité, leur dit : « Si l'évêque ne veut pas sortir de sa maison, qu'il périsse et partage le sort du misérable auteur de ces trahisons. » Magueric envoya une seconde fois vers Gontran ; mais le prince, toujours inflexible : « Mettez le feu, cria-t-il, et si l'évêque s'obstine, qu'il brûle avec lui. »

Cet ordre s'exécuta ; toutefois les clercs, brisant les portes de la maison, réussirent à en arracher l'évêque. Alors le malheureux Boson, se voyant enveloppé par les flammes qui faisaient de rapides progrès, ceignit son épée, et s'avança vers la porte ; mais au moment qu'il touchait le seuil, un trait lancé par un soldat le frappa au front. Saisi d'un subit étourdissement, il s'arrêta, cherchant à tirer son épée ; aussitôt il est assailli et percé de coups par une si grande quantité de lances et de javelots, que son corps ne put tomber sur la terre, et resta debout, soutenu par le bois des lances dont les pointes étaient enfoncées dans ses flancs. On tua aussi un petit nombre de gens qui l'avaient accompagné. Leurs corps, ainsi que celui de Boson, furent exposés dans un champ, et l'on n'obtint que très-difficilement des rois la permission de les recouvrir de terre.

Telle fut la fin de Gontran-Boson, homme intrigant, ambitieux, avare, toujours disposé à prêter serment à tout le monde, et ne gardant à personne ni promesse, ni serment. Sa femme et ses enfants furent exilés, et ses biens confisqués. On trouva dans ses trésors une grande quantité d'or, d'argent et de toutes sortes de richesses; on en découvrit aussi qu'il avait enfouies dans la terre, par une précaution que justifiait sa mauvaise conduite. Il avait souvent recours aux sorcières et aux devins pour connaître l'avenir, qui n'en demeura pas moins caché pour lui.

Le roi Gontran renouvela l'alliance avec son neveu et les deux reines; ils se donnèrent mutuellement des présents, et fixèrent leurs droits réciproques par un traité *. Le roi Gontran ne cessait de répéter cette prière : « Je vous rends grâce, ô mon Dieu, d'avoir permis que je voie les enfants de mon fils Childebert; j'ose croire que vous ne m'avez point abandonné, puisque vous m'avez accordé cette faveur. »

Childebert reçut à son service les ducs Dynamius et Lupus qui s'étaient rendus auprès de lui.

Avant de se séparer, les rois et les princesses mangèrent ensemble, et se donnèrent des témoignages d'amitié et de satisfaction. Après avoir rendu grâce à Dieu et avoir signé le traité, ils s'embrassèrent, et retournèrent chacun dans la capitale de leurs états.

* Ce traité est connu sous le nom de traité d'Andlaw. C'est sans contredit le plus ancien monument de la diplomatie française. Voir plus bas le texte et l'analyse de ce traité.

Le roi Childebert envoya alors une armée vers l'endroit où Ursion et Berthefried se tenaient enfermés. Une montagne escarpée dominait le village de Vaivres. Au sommet de ce rocher, et à ce qu'on croit, sur les ruines d'un ancien château, avait été construite une église dédiée à saint Martin; on n'avait rien fait pour défendre cette position, mais la nature l'avait fortifiée ellé-même. Berthefried et Ursion se retirèrent dans cette église avec leurs femmes et leurs enfants. L'armée, envoyée pour les attaquer, pilla et brûla, avant d'arriver, toutes les maisons et les propriétés qui appartenaient aux deux ducs, et qui se trouvaient sur son chemin. Parvenus à Vaivres, les soldats gravirent la montagne et entourèrent l'église. Cette armée était commandée par Godégisile, gendre du duc Lupus. Voyant qu'il ne pouvait les arracher de ce lieu par la force, il résolut d'y mettre le feu. Ursion sortit et fit un effroyable carnage. Tout ce qui tardait à fuir tombait et mourait. Trudulfe, comte du palais, y fut tué avec beaucoup d'autres. Personne n'osait plus se présenter devant Ursion, lorsqu'une flèche lancée de loin l'atteignit à la cuisse, et lui fit perdre son sang et sa force. Il tomba, on se précipita sur lui, et il reçut enfin la mort.

Godégisile le voyant succomber, s'écria aussitôt : « Qu'on cesse le combat, voilà que le plus mortel ennemi de nos souverains est tombé mort;

laissons la vie à Berthefried. » Toute la multitude
se porta aussitôt vers l'église pour piller les richesses qui y étaient amoncelées, et Berthefried,
au milieu de la confusion, monta à cheval et
s'enfuit à Verdun. Arrivé dans cette ville, il se
réfugia dans l'oratoire de la maison épiscopale,
asile qu'il regardait comme d'autant plus sacré,
que c'était la résidence de l'évêque Agéric. Mais
quand Childebert eut appris l'évasion de Berthefried, il fut saisi de colère, et s'écria : « Si Berthefried échappe à la mort, Godégisile n'échap-
pera pas à ma vengeance. » Le roi ignorait qu'il
se fût retiré dans une église, il croyait qu'il avait
gagné un pays étranger. Godégisile, effrayé de
ces menaces du roi, marcha aussitôt à Verdun
avec son armée. L'évêque refusa de rendre Berthefried ; alors les soldats montèrent sur l'oratoire, en défoncèrent la toiture, et de ses débris
ils accablèrent Berthefried et trois serviteurs qui
se trouvaient avec lui.

L'évêque fit des plaintes amères non-seulement de ce qu'on avait violé le droit sacré d'asile,
mais encore de ce que le lieu où il avait coutume
de prier, où se trouvaient réunies les reliques des
saints, avait été souillé par le meurtre. Le roi
Childebert lui envoya des présents pour l'apaiser, mais il ne put y parvenir.

La crainte acheva d'étouffer cette conjuration. Beaucoup de seigneurs s'enfuirent dans
d'autres royaumes ; plusieurs furent dégradés de

leurs dignités, et remplacés par d'autres sur la, fidélité desquels le roi pouvait compter.

Égidius, évêque de Reims, était aussi soup-çonné d'avoir pris part à la conjuration; mais il était venu vers Childebert, lui avait apporté de riches présents, et il avait réussi à rentrer en grâce. Il s'était aussi réconcilié avec le duc Lu-pus, qui, par son instigation, avait été chassé du gouvernement de la Champagne, comme nous l'avons raconté plus haut. Le roi Gontran fut très-mécontent dans cette circonstance de la conduite de Lupus, qui lui avait promis qu'il ne se réconcilierait jamais avec Égidius, parce qu'il avait été l'ennemi déclaré du roi.

En ce temps-là, le roi Récarède, touché de la grâce d'en haut, convoqua à Tolède les évê-ques ariens et catholiques de ses états. Après plusieurs conférences, auxquelles il assista, le roi, reconnaissant de quel côté était la vérité, se déclara catholique, confessa la Trinité, et reçut l'onction du saint chrême. Les peuples d'Espa-gne et ceux de la province de Narbonne suivirent. son exemple.

Il envoya alors des ambassadeurs à Gontran et à Childebert, pour leur demander la paix; il leur faisait dire qu'étant désormais uni avec eux par la foi, il désirait aussi l'être par l'amitié et la concorde. Mais Gontran repoussa les ambassa-deurs, et dit : « Quelle fidélité pourrais-je en at-

tendre ? comment ont-ils gardé les promesses
faites à ma nièce Ingonde ? C'est par leur perfidie qu'elle a perdu le trône, son mari et la liberté. Non, je ne recevrai point les envoyés de
Récarède, avant d'avoir obtenu vengeance de
ces trahisons. »

Après cette réponse, les ambassadeurs se rendirent auprès du roi Childebert. Celui-ci les accueillit avec bienveillance. Ils lui proposèrent de
lui prouver par serment ou de toute autre manière que Récarède n'avait eu aucune part à la
mort d'Ingonde. Ils lui offrirent ensuite dix mille
sous d'or pour montrer le désir que leur maître
avait d'obtenir son amitié. Ces propositions furent acceptées par Childebert et la reine Brunehault, et la paix se fit. Ces présents furent échan-
gés de part et d'autre, et alors les ambassadeurs
déclarèrent que le roi, leur seigneur, les avait
en outre chargés de demander en mariage Chlodosinde, sœur de Childebert, afin d'assurer,
d'une manière encore plus stable, la paix et l'alliance qu'ils venaient de contracter. Brunehault
et son fils ne repoussèrent point cette demande ;
mais ils évitèrent de s'y engager en alléguant la
nécessité d'obtenir l'assentiment de Gontran, et
la promesse qu'ils lui avaient faite de ne conclure
aucune affaire importante sans avoir pris ses
conseils.

La treizième année du règne de Childebert,

je me rendis auprès de lui dans la ville de Metz. Il nous envoya, l'évêque Félix et moi, en qualité d'ambassadeurs, au roi Gontran, qui se trouvait alors à Châlons. Nous lui parlâmes ainsi : « O illustre roi, ton glorieux neveu Childebert te salue et te rend d'infinies actions de grâces pour les bons conseils que tu ne cesses de lui donner, afin qu'il ne fasse rien qui ne soit agréable à Dieu et avantageux à son peuple. Nous t'apportons l'assurance qu'il ne violera point ses engagements, et que de sa part tout ce qui a été réglé entre vous s'exécutera. » Le roi répondit : « Je ne rends point de mon côté d'actions de grâces à mon neveu, qui, déjà a rompu les traités. On ne m'a point rendu la part qui me revenait de la ville de Senlis ; on n'a pas accordé le passage à des hommes qui agissaient contre moi, et que j'expulsais de mon royaume. Comment pouvez-vous dire après cela que mon très-cher neveu ne veut pas violer nos conventions ? » Nous nous empressâmes de lui répondre : « Envoie à l'instant, et ce qui te revient pour Senlis te sera livré ; donne le nom des hommes que tu chasses, et les passages leur seront ouverts. »

Alors Gontran s'apaisa et ordonna la lecture du traité ainsi conçu :

« Au nom de Jésus-Christ, les très-excellents seigneurs rois, Gontran et Childebert, et la très-glorieuse reine Brunehault, s'étant réunis à Andlaw., dans un esprit d'union et de paix, pour résoudre et terminer par une mûre délibération, tout ce qui pourrait occasionner entre eux quelque difficulté ou contestation; en présence et avec l'aide des évêques et des grands de leurs royaumes, et sous la protection de Dieu, il a été arrêté, voulu et convenu entre eux que pendant toute leur vie ils conserveraient l'un pour l'autre une fidélité et une amitié pures et sincères. »

Les principales choses que réglait ce traité, dont nous allons donner l'analyse, étaient la succession de Gontran; la possession des villes que Sigebert avait autrefois obtenues dans le partage de la succession de Charibert; la possession de celles qu'avait la reine Galsuinthe, et qui furent depuis sa mort attribuées à Brunehault. Outre cela, des assurances de protection de la part de Childebert en faveur de Clotilde, fille de Gontran, et de la part de Gontran en faveur de Théodebert, de Théodoric, de Brunehault, de Faïleube et de Chlodosinde; puis des dispositions relatives aux leudes des deux royaumes et aux dons faits à l'église; puis enfin une clause de peine et de garantie contre les transgressions du traité.

Il était établi que le survivant des deux rois hériterait du royaume de l'autre, si celui-ci n'avait point de fils. * Gontran retiendrait la troi-

---

* *Ed igitur conditione servatâ, ut quem Deus de ipsis re-*

sième partie de la cité de Paris, avec Châteaudun
et Vendôme, et tout ce que Sigebert avait pos-
sédé dans le pays d'Étampes et de Chartres.
Childebert aurait Melun et Senlis, Tours, Poitiers,
Avranches, Conserans, Aire, Bayonne et Albi.
Au lieu de la part qui lui revenait dans la cité de
Senlis, Gontran recevrait là part qui appartenait
à Childebert dans la cité de Rosson. Des villes
qu'avait possédées Galsuinthe, l'une, Cahors,
serait remise immédiatement à Brunehault; les
autres, Bordeaux, Limoges, Lescar et Bigorre,
lui seraient remises aussi, mais après la mort de
Gontran. Si Gontran mourait le premier, sa fille
Clotilde serait maintenue par Childebert dans la
pleine et libre possession des biens qu'elle aurait
reçus de son père. Que si c'était Childebert,
Gontran prendrait sous sa tutelle Théodebert,
Théodoric, et les autres enfants qu'il pourrait
avoir encore; et sous sa protection Brunehault,
Faileube et Chlodosinde. Les leudes transfuges seraient chassés dans les deux royaumes, des lieux
où ils s'étaient retirés. Les donations faites aux
églises seraient respectées. Enfin, si l'on violait
le traité, l'auteur de l'infraction perdrait sans

---

gibus superstitem esse præceperit, REGNUM ILLIUS QUI ABS-
QUE FILIIS, *de præsentis seculi luce migraverit, ad se in
integritatem jure perpetuo debeat revocare, et posteris suis,
Domino auxiliante, relinquere. (Conventus apud Ande-
lawm.)* Cette clause du traité, conforme aux principes de la
loi salique, n'en était pas la première application; à la mort
de Childebert Ier, qui n'avait laissé que des filles, son royaume
fut partagé entre ses frères.

retour les avantages qu'il lui assurait. Puis venait la formule du serment ainsi conçue : « Tout étant ainsi réglé et terminé, les parties jurent par le nom du Dieu tout-puissant, par l'indivisible Trinité, par tout ce qu'il y a de plus sacré, et par le redoutable jour du jugement, qu'elles observeront inviolablement les conventions ci-dessus écrites et sans aucun esprit de dol ou de fraude. Fait et convenu le quatre des calendes de décembre, la vingt-sixième année du règne du roi Gontran, et la douzième du règne du roi Childebert II *. »

Après avoir entendu cette lecture, le roi s'écria : « Que je sois frappé du jugement de Dieu, si j'ai enfreint aucune clause de ce traité. » S'adressant ensuite à Félix, mon collègue d'ambassade : « Dis-moi, Félix, lui demanda-t-il, on rapporte que tu as formé de grandes liaisons d'amitié entre ma sœur Brunehault, et cette Frédégonde, l'ennemie de Dieu et des hommes? » Félix répondit qu'il n'en était rien ; alors je pris la parole : « Leur amitié est la même que celle qui existe depuis longues années ; c'est-à-dire que la haine qui règne entre elles, s'entretient toujours aussi vive et ne diminue en rien. Plût à Dieu,

---

* 28 novembre 587. Il reste peu de monuments de cette époque qui portent une date aussi précise, et cependant plusieurs historiens se sont trompés en la fixant. Vertot assigne pour date à ce traité l'année 591, et M. Sismondi l'année 585. Or, Gontran régnait depuis 561, et Childebert depuis 575 ; ainsi la vingt-sixième année du règne de l'un, et la douzième année du règne de l'autre, répondent à 587.

ô roi très-glorieux, que tu n'eusses pas toi-même plus de bienveillance et d'inclination pour Frédégonde! car ses ambassadeurs obtiennent de toi un bien plus favorable accueil que les nôtres. » — « Sache, me répondit Gontran, sache, ô prêtre de Dieu, que je ne reçois ainsi ses ambassadeurs que dans l'intérêt même de mon neveu Childebert. Jamais je ne me lierai d'amitié avec celle qui a si souvent envoyé des gens chargés de m'ôter la vie. » Félix prit alors la parole et dit : « Votre honneur a sans doute appris que Récarède avait envoyé à votre neveu des ambassadeurs pour demander en mariage votre nièce Chlodosinde. Mais Childebert n'a rien voulu promettre sans vous consulter. » — « Il ne sera pas bon pour Chlodosinde, répondit le roi de se mettre au pouvoir de ceux qui ont fait mourir sa sœur ; il ne sera pas glorieux pour nous que la mort d'Ingonde reste sans vengeance. » — « Ils se disent innocents, répliqua Félix, et offrent de le prouver par serment ou de quelque manière que vous ordonnerez ; donnez seulement votre consentement au mariage proposé. » — Le roi reprit : « Si mon neveu remplit exactement toutes les conditions du traité, je consens volontiers à sa demande. » Nous promîmes au nom de Childebert qu'il ne manquerait en rien aux conventions existantes.

Félix ajouta ensuite : « Childebert vous fait une autre prière. Il demande que vous lui prêtiez

secours contre les Lombards ; car il a formé le
dessein de les chasser de l'Italie, d'y recouvrer
tout ce que possédait son père, et d'abandonner
le reste à l'empereur grec. » — « Je ne puis, répondit Gontran, envoyer mon armée en Italie ;
ce serait la livrer à la mort ; car une affreuse
contagion désole cette contrée. »

Je parlai alors au roi d'un autre sujet : « Vous
avez demandé à votre neveu de faire rassembler
en un seul synode tous les évêques de son royaume, parce qu'il y a beaucoup d'affaires à résoudre ; mais votre glorieux neveu désirerait que,
d'après l'usage établi par les canons, chaque
métropolitain se réunît avec les évêques de sa
province, et que les conciles provinciaux réfor-
massent tous les abus qui se seraient établis dans le
pays soumis à la juridiction métropolitaine. Car
quel motif y a-t-il de réunir un si grand nombre
d'évêques en un seul concile ? La foi catholique
ne court aucun danger ; aucune hérésie nouvelle
ne s'élève. Je ne vois pas, je le répète, la nécessité d'une si nombreuse réunion. » — « Il y a,
répondit le roi, un grand nombre de causes à
juger tant publiques que particulières. Mais la
cause principale, la plus importante de toutes,
est la cause de Dieu ; car vous aurez à informer
sur le meurtre de Prétextat, et à rechercher qui
a dirigé le glaive, qui a frappé un évêque dans
l'église, et au pied des autels. Vous aurez aussi
à examiner la cause de plusieurs ecclésiastiques

accusés de divers crimes, afin que, s'ils sont trouvés coupables, ils soient condamnés par un jugement ecclésiastique, ou s'ils sont innocents, que
cette innocence soit publiquement reconnue *. » Il
déclara alors que ce synode aurait lieu le 1er juin
suivant.

Cette audience terminée, nous nous rendîmes
à l'église; c'était le saint jour de la Résurrection
de Notre Seigneur. Après avoir célébré les mes-
ses, le roi nous invita à manger à sa table. Ce
repas fut non moins remarquable par l'abondance
des mets que par la gaîté qui y régna. Le roi parlait sans cesse de Dieu, de la construction des
églises, de la protection due aux pauvres; de
temps en temps il riait d'un mot spirituel échappé
dans la conversation, et lui-même par ses sail-
lies excitait la gaîté générale. Pendant ce repas, il
nous dit, entre autres choses, ces paroles : « Que
mon neveu garde ses promesses, et tout ce que
je possède est à lui. S'il est mécontent que je re-
çoive les députés de Clotaire, qu'il sache que je
ne suis pas assez insensé, pouvant étouffer les
désordres, pour chercher à les exciter. D'un instant à l'autre la guerre peut éclater entre eux,
et je dois chercher moyen de la prévenir. Je donnerai à Clotaire, si je le reconnais pour mon ne-

* On a pu remarquer, dans cet entretien, que les ambassadeurs s'adressent au roi tantôt au singulier tantôt au pluriel ;
nous avons conservé scrupuleusement ces diverses formes de
langage employées tour à tour par l'auteur, et qui sont bien
plus extraordinaires en latin qu'en français.

veu, deux ou trois cités, afin qu'il ne paraisse pas déshérité de mon royaume, et qu'il ne cherche pas querelle à Childebert pour ce que je lui laisserai. »

Le repas terminé, le roi nous pressa affectueusement sur son cœur, nous combla de présents, et nous congédia, en nous recommandant de ne donner jamais au roi Childebert que de salutaires conseils.

Théodore, évêque de Marseille, vint dans ces jours-là auprès du roi Childebert, pour se plaindre du patrice Nicetius; mais le roi n'ayant pas accueilli les réclamations de l'évêque, il s'en retourna. Pendant ce voyage de Théodore, un navire venant d'Espagne était entré dans le port de Marseille pour y trafiquer. Malheureusement ce navire avait la peste à bord, et la communiqua bientôt à ceux qui achetèrent de ses marchandises. Une maison habitée par huit personnes resta en un instant vide par l'effet de la contagion. Cette affreuse maladie ne se répandit pas d'abord dans toutes les maisons ; elle resta quelque temps comme étouffée, puis, semblable à un feu allumé dans un champ de blé, elle courut embraser toute la ville. Cependant l'évêque arriva dans sa ville, et se tint renfermé dans l'enceinte de la basilique de Saint-Victor, avec un petit nombre de personnes qui étaient restées avec lui. Là, il passait tout son temps en veilles et en prières, implorant la miséricorde divine pour arrêter le fléau qui affligeait le peuple.

La maladie cessa au bout de deux mois. Les habitants qui avaient quitté la ville rentrèrent pleins de sécurité; mais la contagion reparut avec une nouvelle activité, et les atteignit à leur tour. Plusieurs fois depuis ce temps-là, cette ville a été attaquée de cette maladie.

Agéric, évêque de Verdun, était accablé d'une mortelle douleur depuis que Gontran-Boson, pour qui il s'était porté caution, avait été mis à mort. L'amertume de sa douleur augmenta encore quand Berthefried eut été tué dans l'oratoire de la maison épiscopale. Chaque jour quand il voyait les enfants de Boson qui étaient restés auprès de lui, il fondait en larmes et leur disait : « C'est par un effet de la haine qu'on me porte, que vous êtes aujourd'hui de pauvres orphelins abandonnés. » Sa mélancolie, qui s'augmentait de jour en jour, et la faiblesse où le réduisait une trop grande abstinence, le conduisirent en peu de temps au tombeau.

Le roi Childebert, sur la demande que lui en avaient faite les ambassadeurs du roi des Lombards (Autharis), avait promis sa sœur en mariage à ce prince. Il en avait même reçu des présents ; mais Récarède, roi des Goths, ayant abjuré l'arianisme, avait à son tour proposé d'épouser

Chlodosinde, et Childebert avait accueilli avec
faveur cette nouvelle proposition. Déterminé à
rompre la paix, il envoya des ambassadeurs à
l'empereur grec, pour lui demander des secours
afin de l'aider à expulser les Lombards de l'Italie. Aussitôt il fit partir son armée pour l'expédition d'Italie. Les chefs qui la commandaient
livrèrent une bataille aux ennemis; mais nos
troupes furent taillées en pièces; une partie périt
sur le champ de bataille; un grand nombre fut
fait prisonniers, et ceux qui se dérobèrent par
la fuite à l'esclavage ou à la mort, ne parvinrent
que difficilement à gagner leur pays. Les pertes
de l'armée des Francs furent telles, qu'on ne se
souvient pas qu'ils en aient jamais fait de si
grandes.

La quatorzième année du règne de Childebert, la reine Ingoberge qui avait été femme du
roi Charibert, mourut au milieu des pratiques
d'une vie sainte et pleine de bonnes œuvres. Elle
était, à ce que je crois, âgée de soixante-dix ans.
Quelques mois avant sa mort elle m'avait fait
appeler pour me demander conseil sur ce qu'elle
se proposait de faire pour servir de remèdes
spirituels à son âme. Quand je fus introduit auprès d'elle, je trouvai une femme pleine de courage, de résignation et de crainte de Dieu. Déjà
ses dernières volontés étaient consignées dans
un écrit rédigé d'avance. Après avoir conféré

quelque temps ensemble, elle fit appeler un
notaire; elle légua quelque chose à l'église de
Tours, à la basilique de Saint-Martin et à l'église
du Mans. A sa mort elle donna la liberté à un
grand nombre d'esclaves.

Le roi Childebert fait de nouveau marcher
son armée et se prépare à recommencer la guerre
en Italie contre les Lombards. Ceux-ci envoyèrent au roi des ambassadeurs pour offrir la paix,
et même un tribut, et un traité d'alliance offen-
sive et défensive. Childebert envoya aussitôt
faire part de ces propositions au roi Gontran.
Loin d'être opposé à la paix, il donna le conseil
à son neveu d'accepter en toute hâte les propositions qu'on lui faisait. Childebert arrêta la
marche de ses troupes, et envoya des députés
au roi des Lombards pour lui dire que, s'il donnait des garanties de ses promesses, il ferait rétrograder son armée. Mais ces préliminaires
n'eurent aucun résultat.

Cependant le roi Gontran envoya son armée
en Septimanie. Austrovald, qui en commandait
une partie, s'avança jusqu'à Carcassonne, s'en
empara, fit prêter serment de fidélité au roi, et
soumit toute la contrée. Le roi envoya Boson
avec Antestius pour s'emparer des autres villes.
Ce dernier arriva plein d'orgueil, méprisant Austrovald; le blâmant de ce qu'il avait eu la témé-
rité d'attaquer sans lui Carcassonne. Il marcha

vers cette ville avec les troupes de Saintes, de
Périgueux, de Bordeaux, d'Agen et de Toulouse. Comme il s'avançait ainsi plein d'arrogance, les Goths, instruits de ce qui se passait,
se préparèrent à lui dresser des embûches. Il
campa sur une petite rivière, à quelque distance
de la ville. Là, négligeant la discipline, il se livrait
habituellement aux plus méprisables débauches.
Un jour, il fit un festin et s'enivra, s'emportant
contre les Goths en injures grossières; mais
voilà que tout à coup les Goths surviennent, et
se jettent sur les Francs qu'ils surprennent au
milieu de leur repas. Ceux-ci poussent un cri,
et se préparent à les repousser. Les Goths résis-
tent quelque temps, puis feignent de prendre la
fuite. Les Francs les poursuivent pleins d'ardeur
et de confiance; mais bientôt une troupe d'ennemis, qui se tenaient en embuscade, s'élance
sur eux, les enveloppe, et en fait un grand carnage. Il n'échappa, et encore avec beaucoup de
difficultés, que quelques cavaliers qui abandonnèrent tout, armes et bagages, heureux de pouvoir conserver la vie. Les Goths, qui les suivaient
de près, firent un grand butin, et emmenèrent
prisonniers tous les fantassins qui avaient échappé à la mort pendant le combat. On évalue à
cinq mille le nombre des hommes tués dans cette
rencontre, et à plus de deux mille celui des
prisonniers; mais plusieurs de ces derniers furent relâchés et rendus à la liberté.

Quand Gontran apprit cette fatale nouvelle, il fut saisi d'une violente colère. Il défendit le passage par son royaume d'aucun des sujets de son neveu Childebert, accusant ce prince, qui avait fait des traités avec Récarède, d'être la cause de la destruction de son armée. Une circonstance ajoutait encore à son mécontentement; il savait que Childebert avait dessein de placer son fils aîné à Soissons, et il prétendait que de là il se dirigerait sur Paris et s'emparerait de son royaume. Pour moi, je suis persuadé que jamais Childebert n'a eu une pareille pensée. Il se plaignait aussi beaucoup de Brunehault; il l'accusait de diriger son fils dans tout ce qu'il faisait; il lui attribuait de coupables correspondances avec les deux fils de Gondovald. Il convoqua même un synode; mais Brunehault attesta avec serment la fausseté de ces accusations. Gontran s'apaisa; il renonça au synode, et rouvrit le passage sur son territoire aux sujets de Childebert.

Rigonthe, fille de Chilpéric et de Frédégonde, qui avait été autrefois fiancée à Récarède, accablait sa mère d'injures et de calomnies. Elle se disait la maîtresse, et prétendait que sa mère n'était que sa servante. Souvent leurs querelles se terminaient par des soufflets ou des coups de poing. Un jour, Frédégonde dit à sa fille : «Pourquoi me chagrines-tu sans cesse? voici les richesses que ton père m'a laissées ; prends-les, et disposes-en à ton gré. » Et étant entrée dans sa chambre, elle ouvrit un coffre plein de bijoux et d'ornements d'un grand prix. Après en avoir tiré un grand nombre d'objets qu'elle présentait à sa fille, elle lui dit : « Je suis lasse ; mets toi-même la main dans ce coffre, et tire ce que tu trouveras. » Au moment où Rigonthe se baissa pour introduire son bras dans le coffre, sa mère abattit le couvercle sur sa tête, et lui pressa le cou avec une telle violence que ses yeux étaient près de sortir de leur orbite. Alors une des femmes de Rigonthe qui se trouvait là jeta de grands cris, en appelant au secours de sa maîtresse que sa mère allait étrangler. Les personnes qui se trouvaient en dehors de l'appartement accoururent, et arrachèrent la princesse au danger qu'elle courait. La haine qui existait entre la mère et la fille ne fit que s'accroître, et les querelles et les coups ne devinrent que plus fréquents.

La même année du règne de Childebert, ce prince se trouvait à Strasbourg avec sa femme et sa mère, lorsque arrivèrent des députés choisis parmi les citoyens les plus distingués des villes de Soissons et de Melun, pour lui demander un de ses fils pour régner sur elles *. Le roi les accueil-

* Soissons, l'ancienne capitale du royaume de Chilpéric, avait résolu, comme on voit, de se soustraire à la domina-

lit avec joie, et leur accorda pour roi son fils aîné
Théodebert. On lui donna des comtes, des gouverneurs, des domestiques, un maire du palais,
et tous les gens nécessaires pour composer le
service d'un roi. Au mois d'août de la même année, Théodebert partit pour son nouveau royaume. Le peuple le reçut avec de grandes démonstrations de joie, et en priant le ciel d'accorder
une longue vie au père et au fils.

Faileube était malade des suites d'un accou-
chement avant terme. Dans l'abattement que lui
causaient ses souffrances, elle recueillit quelques mots d'une conversation qui avait lieu en sa
présence, mais qu'on ne la soupçonnait pas capable d'entendre. Elle apprit ainsi qu'il se tramait
un complot contre elle et contre la reine Brunehault. Quand elle fut rétablie, elle vint trouver
le roi, et lui révéla ainsi qu'à sa mère tout ce
qu'elle avait entendu. Voici quel était le sujet de
cette conversation, et ce qu'elle en avait pu savoir.

Septimine, gouvernante de ses enfants, devait
persuader au roi d'exiler sa mère, de répudier la
reine, et de prendre une autre femme, par l'influence de laquelle les conjurés pourraient obte-

tion de Frédégonde. Melun faisait partie du royaume d'Austrasie, mais elle aspirait à former un nouveau royaume avec
Soissons. Childebert était vraisemblablement le provocateur
de cette démarche qui allait ainsi affaiblir le royaume et la
puissance de Frédégonde et de son fils.

nir et faire tout ce qu'ils voudraient. Si le roi ré-
sistait, on le ferait mourir par des moyens lents
et mystérieux ; on élèverait les jeunes princes au
trône ; on chasserait également leur mère et leur
aïeule, et on règnerait sous le nom de ces enfants. Les auteurs de cette conjuration étaient
avec Septimine, Sonnégisile comte des Écuries,
le référendaire Gallomagne, et Droctulf, gouverneur des jeunes princes. Septimine et Droctulf furent arrêtés les premiers ; Gallomagne et
Sonnégisile se réfugièrent dans une église. Septimine confessa tout ce qu'avait déclaré la reine.
Elle avoua même qu'elle avait fait mourir son
mari Jovius, pour entretenir plus librement des
liaisons coupables avec Droctulf ; elle nomma
également ses complices Gallomagne et Sonnégisile. Ceux-ci à leur tour confirmèrent tous les
détails du complot ; ils avouèrent que des propositions leur avaient été faites pour s'y engager ; mais
ils en avaient eu horreur, disaient-ils, et ils les
avaient repoussées. Le roi leur répondit que s'ils
n'avaient eu aucune intention coupable, ils l'auraient averti du danger qu'il courait, et leur silence dans cette circonstance était une preuve de
leur participation. Cependant l'asile où ils s'é-
taient renfermés protégeant leur vie, on se contenta de les envoyer en exil, et de leur reprendre
les biens qu'ils tenaient du fisc. On épargna même la vie de Droctulf et de Septimine, mais ils
perdirent leurs biens et leur liberté. On brûla le

visage de Septimine avec des lames ardentes * et on la condamna à tourner la meule. Pour Droctulf, il eut les cheveux et les oreilles coupés, et il fut condamné à bécher la vigne.

* Ce supplice de Septimine ferait supposer, ce que ne dit pas Grégoire de Tours, qu'elle était la femme même qu'on aurait proposée pour remplacer Faileube ; sans doute elle était belle, et le genre de tourment qu'on lui fit souffrir annonce bien la vengeance d'une femme outragée.

FIN DU HUITIÈME CHAPITRE.

CHAPITRE IX.

SOMMAIRE.

Les ambassadeurs de Childebert sont maltraités à Carthage. Expédition de Childebert en Italie. — Ambassade du roi des Lombards. — Aventure de Cuppan. — Guerre de Bretagne. — Frédégonde envoie des secours aux Bretons. — Mort de Beppolène. — Waroch et Ebrachaire font la paix. — Passage de la Vilaine. — Déroute des Francs. — Chandon, accusé d'avoir tué un buffle dans la forêt royale. — Combat judiciaire. — Maladie de Clotaire II. — Tentative contre la vie de Childebert. — Frédégonde accusée de ce nouveau crime. — Supplice horrible de Sonnégisile. — Egidius est poursuivi. — Il est condamné à l'exil. — Querelle élevée entre les habitants de Tournai et des Francs. — Comment Frédégonde la termine. — Elle recherche l'alliance de Gontran. — Gontran se rend à Paris. — Baptême de Clotaire II.

La quinzième année du règne de Childebert, Grippon revint de son ambassade auprès de l'empereur Maurice. Il raconta que l'année précédente il avait été forcé de relâcher à Carthage, avec ses compagnons Bodégisile de Soissons et Evance d'Arles. Ils attendaient dans ce lieu qu'on leur fournît les moyens de continuer leur voyage, quand un des serviteurs d'Evance déroba quelque objet à un marchand, et l'emporta à son logis. Ce marchand le poursuivit en vain; mais l'ayant un jour rencontré sur la place, il le saisit par ses vêtements, en lui disant : « Je ne te

lâcherai pas que tu ne m'aies rendu ce que tu
m'as pris. » le Franc, après avoir fait d'inutiles
efforts pour se dégager, tire son épée, et tue le
marchand; puis il rentre au logis, sans dire à
personne ce qui s'était passé. Les ambassadeurs,
qui venaient de finir leur repas, s'étaient alors
livrés au sommeil. Quand le gouverneur de la
ville eut appris ce qu'avait fait un de leurs serviteurs, il envoya vers leur demeure des soldats,
qui furent bientôt suivis de tout le peuple en
armes. Les ambassadeurs réveillés tout à coup
sont frappés d'étonnement en voyant ce qui se
passe. Celui qui était à la tête de ce rassemble-
ment leur cria : « Déposez les armes et sortez,
afin que nous examinions paisiblement comment
ce meurtre a eu lieu; nous jurons que vous n'a-
vez rien à craindre. » Sur cette assurance Evance
et Bodégisile se hasardèrent à sortir; mais à
peine eurent-ils fait quelques pas hors de la maison, qu'ils furent assaillis à coups d'épées et tués
devant la porte. Alors Grippon arma tous ses
gens, et s'avançant vers la foule il leur dit :
« Nous ignorons ce qui s'est passé, et voici que
mes deux compagnons d'ambassade ont été massacrés par vous contre le droit des gens. Nous
sommes venus pour apporter la paix et une alliance utile à votre pays, et votre action vient de
rompre désormais toute paix et toute alliance
entre votre empereur et le roi notre maître. » Ce
discours calma l'effervescence de la multitude

qui se dispersa aussitôt. Le préfet s'efforça d'apaiser le mécontentement de Grippon, et lui fournit avec empressement tout ce qui était nécessaire pour son voyage. Arrivé à Constantinople, Grippon fit à l'empereur de libres et menaçantes plaintes. Maurice fut profondément affligé, et promit de venger la mort des ambassadeurs de Childebert, de la manière que ce prince le désirerait. Grippon, après avoir reçu des présents, prit congé de l'empereur et s'en retourna.

Quand il eut rendu compte au roi de son ambassade, celui-ci s'empressa de faire marcher son armée contre l'Italie. Vingt ducs la commandaient. Je n'ai pas jugé nécessaire de les nommer tous; les principaux étaient Andovald, Ollon et Cédin. La marche de cette nombreuse armée avait été signalée dans son propre pays par toutes sortes de déprédations et de désordres. Quand ils arrivèrent sur les frontières de l'Italie, Andovald avec six ducs se dirigea sur la droite, du côté de Milan; ils campèrent dans une plaine à quelque distance de la ville. Le duc Ollon, s'étant approché du château de Bellinzone, fut frappé d'un trait au-dessous de la mamelle, et tomba mort. Les soldats, qui sortaient du camp pour aller fourrager et chercher des vivres, étaient attaqués par es Lombards et tués isolément.

Non loin de Milan est un lac nommé Corèse,*

---

* *Coresium.* Peut-être faut-il lire *Comesium*, et appliquer ce passage au lac de Côme, situé en effet dans le territoire de Milan et traversé par l'Adda.

d'où sort une rivière étroite et profonde. C'était en ce lieu que s'étaient arrêtés les Lombards. Au moment où l'armée des Francs approchait de la rivière, un guerrier lombard, couvert de ses armes, se montra seul et témérairement sur le rivage opposé, défiant les Francs, et criant : «Le jour est venu qu'on va réconnaître à qui Dieu veut accorder la victoire. » C'était comme un présage aux yeux des Lombards, et comme une épreuve de leur fortune. Alors quelques guerriers francs traversèrent la rivière, attaquèrent le Lombard et le tuèrent ; aussitôt toute l'armée ennemie prit la fuite. Bientôt l'armée des Francs passa elle-même ; mais elle ne trouva plus que l'enceinte et les traces du camp des ennemis, et reconnut seulement la place qu'avaient occupée leurs tentes, et où ils avaient allumé leurs feux. N'ayant pu faire même un seul prisonnier, les Francs revinrent à leur campement.

Des députés de l'empereur * vinrent les y trouver, annonçant que l'armée impériale marchait pour se réunir à eux, et qu'elle arriverait dans trois jours. « Voici, dirent les envoyés, quel sera le signal de notre venue. Quand vous verrez brûler le village qui est sur cette montagne, et quand vous apercevrez la flamme ou la fumée de l'incendie s'élancer vers le ciel, vous saurez que nous sommes là avec l'armée que nous

---

* Ou plutôt de l'exarque de Ravennes, qui commandait les troupes impériales. C'était alors Smaragde, qui avait remplacé Longin, successeur de Narsès.

vous promettons. » On attendit six jours, au lieu de trois, et l'on n'aperçut aucun signal de l'arrivée des Grecs.

Cédin, avec treize ducs, avait pénétré dans l'Italie, en prenant sa route à gauche. Il s'empara de cinq forteresses, dont il exigea le serment de fidélité. Cependant la dyssenterie, occasionnée par la chaleur d'un climat auquel les soldats n'étaient point accoutumés, faisait de grands ravages dans son armée. Enfin le vent s'éleva, une pluie bienfaisante vint rafraîchir l'atmosphère, et la maladie disparut. Pendant trois mois cette armée parcourut l'Italie, sans rencontrer d'ennemis, car ils s'étaient retirés dans les forteresses les plus sûres, et sans pouvoir atteindre le roi, qui s'était enfermé dans Pavie. Cédin, voyant son armée affaiblie par la maladie, épuisée par la famine et accablée de fatigues, résolut de rétrograder. Il soumit toutefois à l'autorité du roi le pays qui avait jadis appartenu à son père; il en exigea le serment, et en enleva des captifs et du butin.

Au retour, l'armée fut tellement tourmentée par la famine, que les soldats avant d'arriver dans leur pays furent obligés de vendre leurs armes et leurs vêtements pour acheter des vivres.

Aptacaire, roi des Lombards, envoya une députation au roi Gontran; les députés parlèrent ainsi : « Roi très-pieux, nous désirons rester

soumis et fidèles à vous et à votre race, comme
nous l'avons été à vos pères. Nous n'avons point
violé le serment que nos prédécesseurs ont fait
aux vôtres. Cessez donc de nous accabler; que la
paix et la concorde règnent entre nous, afin que
quand il sera nécessaire nous nous prêtions un
mutuel secours contre nos ennemis, et que cette
union, qui garantira notre sûreté et la vôtre,
jette parmi les adversaires qui nous environnent
une terreur plus grande que la joie que leur ont
causée nos discordes. » Gontran écouta ces paroles de paix avec bienveillance, il fit un accueil
favorable aux ambassadeurs, et les envoya auprès de son neveu Childebert. Ils lui tinrent le
même discours; mais, avant qu'ils eussent quitté
la résidence royale, arrivèrent d'autres ambassadeurs annonçant la mort d'Aptacaire *, et l'é-
lévation de Paul **, son successeur. Ces nouveaux ambassadeurs étaient chargés d'un message semblable à celui des envoyés d'Aptacaire.
Childebert fixa aux ambassadeurs un terme pour
leur faire connaître sa résolution, puis il les congédia.

* Autharis, qui régna de 584 à 591.
** On a remarqué que les historiens ne font aucune men-
tion de ce Paul, et que le successeur d'Autharis fut Agiluf,
duc de Turin, élevé au trône par le choix de Théodelinde,
veuve d'Autharis, et du peuple lombard; mais, comme il était
arien, quelques historiens prétendent que sa femme Théodelinde le ramena à la foi catholique, qu'il fut baptisé et prit
alors le nom de Paul. C'est là sans doute le fait qui a donné
lieu à l'assertion de Grégoire de Tours. Du reste, ce fait est
demeuré douteux.

Maurice envoya, les mains liées et chargés de
chaînes au roi Childebert, douze des Carthagi-
nois qui, l'année précédente, avaient tué ses
ambassadeurs, lui donnant toute liberté de les
faire mourir, s'il le voulait; mais s'il voulait les
relâcher pour une rançon, il promettait de lui
donner trois cents pièces d'or pour chacun d'eux.
Il lui demandait de choisir, afin que tout sujet
de querelle étant assoupi, il ne s'élevât plus entre eux aucun motif de haine. Mais le roi Childebert refusa de recevoir ces hommes, et il dit :
« Nous ne savons pas si les hommes que vous
nous amenez sont vraiment les meurtriers; ce
sont peut-être des esclaves, tandis que ceux des
nôtres qui ont été massacrés chez vous étaient
bien de race libre. » Grippon surtout, qui avait
fait partie de l'ambassade, insistait pour la recherche des vrais coupables. Il offrit même de
se rendre sur les lieux, déclarant qu'il reconnaî-
trait ceux qui avaient tué ses compagnons, et
sur lesquels devait retomber la vengeance. Le
roi étant convenu d'un terme pour envoyer après
eux vers l'empereur, leur donna ordre de s'en
retourner.

En ces jours-là, Cuppan, qui avait été autrefois comte des écuries du roi Chilpéric, fit irruption sur le territoire de la ville de Tours, et
se livrant au pillage voulut enlever les troupeaux
et plusieurs autres objets de prix. Mais les habi-

tants, prévenus, se rassemblèrent en foule pour le poursuivre. Le butin fut repris, deux de ses serviteurs furent tués, deux autres pris, et lui-même s'enfuit tout nu. On envoya les deux prisonniers au roi Childebert, qui les fit jeter en prison et ordonna qu'ils fussent interrogés, afin de savoir par l'aide de qui Cuppan s'était échappé et n'était pas tombé entre les mains de ceux qui le poursuivaient. Ils répondirent que cela avait eu lieu par l'artifice du vicaire Animodius qui exerçait l'autorité judiciaire dans le pays. Aussitôt le roi adressa des lettres au comte de la ville, avec ordre de le lui envoyer enchaîné, que s'il voulait résister, le roi ordonnait au comte de le saisir par force et de le tuer, s'il voulait obtenir ses bonnes grâces. Mais Animodius ne fit aucune résistance, il donna caution et se rendit où il lui était ordonné. Il alla trouver le domestique Flavien *, fut mis en cause avec Cuppan, son coaccusé, et n'ayant point été trouvé coupable, fut absous ainsi que lui, et mis en liberté, après avoir cependant fait auparavant des présents au domestique **.

Ce même Cuppan, ayant de nouveau réuni

---

* Nous avons déjà dit que ce mot *domestique* désignait tout officier employé au service de la maison du roi. Ainsi le *comes stabuli*, comte de l'étable, *connétable*, le *major-domùs*, majordome, maire du palais, étaient des domestiques.

** Cette dernière circonstance explique la sécurité d'Animodius; on doit remarquer l'influence qu'avaient déjà prise les *domestiques*, ou officiers de la maison des rois.

quelques-uns des siens, voulut enlever, pour en
faire son épouse, la fille de défunt Bodégisile,
évêque du Mans. Dans cette intention, il tomba
une nuit avec ses compagnons sur le village de
Marolles. Mais Magnatrude, mère de la jeune
fille, avertie de cette attaque, sortit contre lui
avec ses serviteurs, le repoussa par la force, et
blessa plusieurs d'entre eux; Cuppan s'en retourna plein de confusion.

Pendant ce temps-là, les Bretons commirent
de grandes cruautés autour des villes de Nantes
et de Rennes. Le roi Gontran ordonna de faire
marcher contre eux une armée dont il confia le
commandement à Beppolène et à Ebrachaire.
Mais Ebrachaire craignant que s'il obtenait la
victoire avec Beppolène, celui-ci ne fût mis en
possession de son duché, se prit d'inimitié contre lui, et pendant toute la route ils s'accablèrent d'insultes, d'injures et de malédictions. Dans
le chemin qu'ils parcoururent, ils commirent un
grand nombre d'incendies, de meurtres, de pillages et beaucoup d'autres crimes. Ils arrivèrent
à la rivière de la Vilaine, et l'ayant passée ils
vinrent à celle de l'Ourde; là, ayant détruit les
maisons du voisinage, ils firent un pont sur la
rivière, et toute l'armée passa. Alors un certain
prêtre vint trouver Beppolène et lui offrit de le
conduire au camp de Waroch, où il trouverait
tous les Bretons réunis.

Frédégonde, depuis longtemps ennemie de Beppolène, ayant appris qu'il allait faire cette campagne, avait envoyé au secours de Waroch des Saxons de Bayeux, qui portaient les cheveux coupés comme les Bretons et des vêtements semblables. Beppolène s'avança donc avec ceux qui avaient consenti à le suivre, commença le combat, et pendant deux jours tua beaucoup de Bretons et de Saxons. Ebrachaire était resté en arrière avec la plus grande partie de l'armée, et il ne voulut pas aller à lui qu'il n'eût appris sa mort. Le troisième jour ceux qui avaient accompagné Beppolène étaient tués pour la plupart, et il combattait encore quoique blessé lui-même d'un coup de lance; alors Waroch, avec ceux dont j'ai parlé, tomba sur lui et le tua. Les Francs se trouvaient enfermés entre des passages étroits et des marais, où ils périrent plutôt dans la boue que tués par le glaive. Ebrachaire arriva jusqu'à la ville de Vannes; l'évêque Régal avait envoyé à sa rencontre ses clercs, qui le conduisirent à la ville avec la croix et en chantant des psaumes. On rapportait alors que Waroch ayant voulu fuir avec des navires chargés d'or et d'argent et de ses autres effets, lorsqu'il eut pris le large, le vent s'éleva, ses navires furent submergés, et il perdit tout ce qu'il y avait mis. Cependant il vint trouver Ebrachaire, lui demanda la paix, lui donna des otages et beaucoup de présents, et promit de ne rien faire à l'avenir contre les intérêts du roi Gontran.

Après son départ, l'évêque Régal, son clergé et le peuple de sa cité prêtèrent le même serment, disant : « Nous ne sommes en rien coupables envers nos seigneurs les rois; jamais nous n'avons été contraires à leur intérêt, ni ne leur avons résisté avec orgueil; mais nous sommes retenus en captivité par les Bretons et accablés d'un joug pesant. »

La paix se conclut donc entre Waroch et Ebrachaire. Waroch dit : « Allez-vous en maintenant, car j'aurai soin d'accomplir de moi-même tout ce qu'ordonnera le roi, et afin que vous ajoutiez plus de foi à mes paroles, je vous remettrai mon neveu en otage. » Il le fit ainsi et la guerre cessa. Cependant il y avait eu une grande multitude d'hommes tués, tant de l'armée royale que de celle des Bretons.

Quand l'armée sortit de Bretagne et voulut passer le fleuve, les plus forts le firent sans difficulté; mais les faibles et les pauvres qui étaient avec eux ne purent passer en même temps. Tandis qu'ils restaient sur le bord de la Vilaine, Waroch, oubliant son serment et l'otage qu'il avait donné, envoya Conan son fils avec une armée, et celui-ci, ayant pris les hommes qu'il trouva sur le rivage, les chargea de liens et tua ceux qui résistaient; plusieurs, qui voulurent passer la rivière à cheval, furent emportés à la mer par l'impétuosité du courant. Dans la suite plusieurs furent renvoyés libres par la femme de Waroch et retournèrent chez eux. L'armée, n'osant pas retourner par le chemin qu'elle avait pris en venant, de peur qu'on ne lui rendît le mal qu'elle avait fait, se dirigea vers la ville d'Angers, pour gagner le pont placé sur la Mayenne; mais une petite troupe, qui passa la première, fut dépouillée, maltraitée et réduite aux dernières ignominies. En passant sur le territoire de Tours, ils pillèrent et dépouillèrent beaucoup de gens, parce qu'ils avaient surpris les habitants à l'improviste. Plusieurs de cette armée revinrent vers le roi Gontran, disant que le duc Ebrachaire et le comte Williachaire avaient reçu de l'argent de Waroch pour faire périr l'armée. C'est pourquoi Ebrachaire fut appelé devant le roi, qui, après l'avoir accablé d'injures, lui ordonna de se retirer de sa présence; le comte Williachaire s'enfuit et se cacha en divers lieux.

La quinzième année du règne de Childebert, qui était la vingt neuvième du règne de Gontran, celui-ci, chassant dans la forêt des Vosges, y trouva les restes d'un buffle qu'on avait tué. Il interrogea sévèrement le garde de la forêt, pour savoir qui avait eu l'audace de tuer un buffle dans la forêt royale. Le garde dénonça Chaudon, chambellan du roi. Alors Gontran ordonna qu'il fût saisi et conduit à Châlons chargé de liens. L'un et l'autre ayant été confrontés en la présence du roi, et Chaudon prétendant qu'il n'a-

vait jamais commis l'action dont on l'accusait,
le roi ordonna le combat en champ clos. Alors
le chambellan présenta son neveu pour combattre à sa place, et les deux champions se rendirent sur le champ. Le jeune homme lança un
javelot sur le garde des forêts, et lui perça le
pied. Celui-ci tomba aussitôt en arrière; mais,
au moment où le jeune homme ayant tiré le
couteau qui pendait à sa ceinture, tâchait de
couper la gorge du blessé, ce dernier lui perça
le ventre de son couteau. Tous deux tombèrent
morts. A cette vue Chaudon prit la fuite pour
gagner la basilique de Saint-Marcel; mais le roi
s'écriant qu'on l'arrêtât avant qu'il n'atteignît le
seuil de l'édifice sacré, il fut pris, lié à un tronc
d'arbre et lapidé. Le roi eut ensuite un grand
repentir de s'être laissé emporter si promptement à la colère, et d'avoir fait mourir avec tant
de précipitation, pour une petite faute, un
homme qui lui était fidèle et nécessaire.

Clotaire II, fils de Chilpéric, fut attaqué
d'une maladie dangereuse et parut tellement désespéré qu'on annonça sa mort au roi Gontran,
ce qui le détermina à partir de Châlons pour se
rendre à Paris; mais, arrivé sur les confins du
territoire de Sens, il apprit que Clotaire se portait mieux, et il revint sur ses pas. Quand sa
mère Frédégonde l'avait vu désespéré, elle avait
voté une grande somme d'argent à la basilique
de Saint-Martin, et dès lors on vit la santé de

son fils s'améliorer. Elle envoya aussi des messagers à Waroch, afin qu'il délivrât, pour racheter la vie à son fils, les hommes qu'il retenait encore en Bretagne, de l'armée du roi Gontran. Waroch consentit à sa demande; d'où il fut manifeste que c'était par la connivence de cette femme que Beppolène avait été tué et l'armée détruite.

Vers ce temps-là, le roi Childebert II entrant dans l'oratoire de sa maison de Marlheim, ses serviteurs virent de loin un homme inconnu qui se tenait debout, et lui dirent : « Qui es-tu ? d'où viens-tu ? que fais-tu ? nous ne te connaissons pas. » Il leur répondit : « Je suis un de vous ; » ils le jetèrent aussitôt hors de l'oratoire, et il fut interrogé. Il avoua, sans tarder, que la reine Frédégonde l'avait envoyé pour tuer le roi, et il dit : « Nous sommes douze qu'elle a envoyés comme moi; six sont arrivés ici, et six sont demeurés à Soissons pour surprendre le fils du roi; et moi, comme j'attendais l'occasion de frapper le roi Childebert dans cet oratoire, j'ai été saisi de crainte, et je ne me suis point déterminé à ce que j'avais projeté. » Après avoir ainsi parlé, il fut livré à de cruels supplices, et il nomma ses divers associés. On alla les chercher partout où ils se trouvaient; les uns furent condamnés à la prison, d'autres eurent les mains coupées; on coupa le nez et les oreilles à plusieurs, et on les livra dans cet état à la risée publique. Plusieurs de ceux qui avaient été pris, craignant le genre de supplice auquel ils pouvaient être condamnés, se percèrent eux-mêmes avec leur épée. Plusieurs périrent dans les tourments, afin que le roi fût vengé.

Sonnégésile fut de nouveau livré aux tourments, et frappé chaque jour à coups de verges et de courroies. Quand ses plaies venaient à suppurer, et qu'après le premier écoulement, elles commençaient à se fermer, on recommençait son supplice. Au milieu de ces tourments, ils'avoua coupable, non-seulement de la mort du roi Chilpéric, mais encore de divers autres crimes. Dans ces aveux il ajouta qu'Egidius, évêque de Reims, était associé de Rauchingue, d'Ursion et de Bertefried dans le complot qu'ils avaient formé pour tuer le roi Childebert. Egidius fut enlevé aussitôt, et conduit à Metz, puis, sur l'observation des autres évêques, on lui permit de retourner à Reims jusqu'au moment de son procès. Le roi convoqua une assemblée générale de tous les évêques de son royaume pour juger Egidius. Les principaux chefs d'accusation étaient: 1° d'avoir entretenu des liaisons avec le roi Chilpéric, au préjudice du roi Childebert; 2° d'avoir fabriqué de fausses chartes pour s'emparer de plusieurs des métairies du fisc; 3° d'avoir, dans sa correspondance avec Chilpéric, écrit des injures contre Brunehault, et d'avoir reçu de ce prince des lettres pour l'engager à faire périr cette princesse ; 4° enfin, d'avoir pendant la minorité de Childebert, fait en son nom un traité d'alliance avec Chilpéric, dans lequel on était convenu de chasser Gontran de son royaume et de le partager, ce qui occasionna une guerre civile, le pillage et la dévastation de plusieurs pays et de plusieurs villes, ainsi que la mort d'un grand nombre de personnes. On accorda trois jours à l'évêque pour préparer sa défense; ce délai expiré, Egidius se présenta de nouveau dans l'assemblée, et s'avouant coupable sur tous les chefs, demanda lui-même sa condamnation. Après cet aveu, les évêques, tout en déplorant l'opprobre de leur frère, obtinrent qu'on lui conservât la vie; ensuite ils le dépouillèrent de la dignité du sacerdoce, et le condamnèrent à l'exil. Il fut conduit dans la ville d'*Argentoras*, aujourd'hui Strasbourg.

Les habitants de Tournai et les Francs eurent entre eux une grande querelle, parce que le fils de l'un d'eux reprochait souvent avec colère au fils d'un autre, qui avait épousé sa sœur, d'abandonner sa femme pour de viles prostituées. Comme il ne changeait point sa mauvaise conduite, l'emportement du jeune homme fut tel, qu'il se jeta sur son beau-frère et le tua, avec l'aide des siens; il fut tué lui-même par ceux avec lesquels était venu son adversaire, et des

deux troupes, il ne resta qu'un seul homme qui
avait manqué d'ennemi pour le frapper. Alors
les parents des deux côtés s'élevèrent les uns
contre les autres. La reine Frédégonde les engagea plusieurs fois à renoncer à leur inimitié et
à faire la paix, de peur que l'obstination de leur
querelle n'entraînât à de plus grands désordres.
Mais ne pouvant les calmer par des paroles de
douceur, elle eut recours à la hache pour les
apaiser. Elle invita un grand nombre de personnes à un festin, où furent aussi conviés les
trois principaux chefs des familles ennemies,
qui se nommaient Charivald, Landovald et Wal-
din. Elle les fit asseoir tous trois sur un même
banc. Le repas se prolongea jusqu'à ce que la
nuit eut obscurci la terre; on enleva les tables,
selon la coutume des Francs, et les convives demeurèrent assis sur les bancs où ils avaient été
placés, continuant de causer et de boire. Après
avoir pris beaucoup de vin, tout le monde en
était tellement appesanti, que les serviteurs ivres
s'endormirent dans tous les coins de la maison
où ils étaient tombés; alors cette femme ordonna à trois hommes de venir avec des haches derrière les trois dont j'ai parlé, et, comme ils s'en-
tretenaient ensemble, en un même moment, et
pour ainsi dire d'un seul mouvement, les exécu-
teurs de la reine firent tomber leurs haches, et
abattirent la tête de ces trois hommes. On quitta
aussitôt le festin, et on courut porter cette nou-

velle aux parents de ceux qui venaient d'être tués d'une manière si extraordinaire. Il y eut un soulèvement général, on s'empara de Frédégonde, et elle fut étroitement gardée. Les parents de ceux qu'elle avait fait mourir s'empressèrent d'envoyer des messagers au roi Childebert, pour lui offrir de la lui livrer, afin qu'il lui fît subir la mort qu'elle avait tant de fois méritée; mais, pendant les délais de cette affaire, elle eut l'adresse de faire soulever le peuple de Champagne en sa faveur, et, délivrée par son secours, elle se hâta de quitter Tournai, et de se retirer dans un autre lieu.

Après cet événement, elle fit partir des envoyés pour aller trouver le roi Gontran, et lui dire : « Que le roi, mon seigneur, vienne jusqu'à Paris; qu'il y fasse venir mon fils son neveu; qu'il le fasse sanctifier par la grâce du baptême, et que, le tenant lui-même sur les fonts sacrés, il daigne le regarder comme son propre enfant. » Le roi ayant entendu cette requête, donna ordre à Æthérius, évêque de Lyon, à Syagrius, évêque d'Autun, à Flavius, évêque de Châlons, et à quelque autres personnes encore, de se rendre à Paris, pour annoncer sa prochaine arrivée. Il vint aussi à cette assemblée beaucoup d'hommes de son royaume, tant domestiques que comtes, pour faire les préparatifs nécessaires à la dépense de la maison royale; mais, au moment où le roi se préparait à partir, il fut retenu par une douleur aux pieds. Dès qu'il fut guéri, il vint à Paris ; de là il se rendit à sa maison de Rueil, où il fit venir l'enfant, et ordonna qu'on préparât son baptême dans le bourg de Nanterre.

Sur ces entrefaites il arriva vers lui des envoyés du roi Childebert qui lui dirent : « Ce n'est pas là ce que tu avais promis dernièrement à ton neveu le roi Childebert, que tu te lierais d'amitié avec ses ennemis ; car, autant que nous pouvons l'apercevoir, tu ne gardes nullement ta parole ; mais plutôt tu transgresses ce que tu avais promis, et tu élèves cet enfant sur le trône dans la ville de Paris. Dieu te jugera, parce que tu oublies tes promesses. » Le roi leur répondit : « Je tiens toujours à la promesse que j'ai faite au roi Childebert mon neveu, et je n'y manque point. Qu'il ne se formalise point si je tiens sur les fonts sacrés du baptême son cousin, le fils de mon frère ; car c'est une requête à laquelle aucun chrétien ne doit se refuser. J'y ai consenti, et je veux agir dans cette occasion, comme Dieu le sait très-certainement, sans aucune fraude et dans la simplicité d'un cœur pur, parce que je crains d'offenser le Seigneur. Il n'y a rien dans cette action qui blesse l'honneur ou la dignité de notre race. Car, si les maîtres tiennent sur les fonts sacrés leurs serviteurs mêmes, pourquoi ne me serait-il pas permis d'en faire autant pour un proche parent, et de le reconnaître pour mon fils

spirituel par la grâce du baptême? Retirez-vous
maintenant et rapportez ces paroles à votre maître : « Je veux observer inviolablement le traité
que j'ai fait avec toi. »

Lorsqu'il eut ainsi parlé, les ambassadeurs se
retirèrent, et le roi, s'étant rendu aux fonts sacrés, présenta l'enfant au baptême. Il lui donna
le nom de Clotaire, et dit : « Que cet enfant
croisse, et qu'il accomplisse les promesses de ce
nom, et qu'il parvienne à la même puissance
que celui qui l'a autrefois porté. » Le mystère
célébré, il invita l'enfant à un festin, et le combla de beaucoup de présents. Le roi en fut invité à son tour, et le quitta après en avoir reçu
plusieurs dons, puis il retourna à la ville de Châlons.

FIN.

SUR L'ORTHOGRAPHE

DES NOMS PROPRES

EMPLOYÉS PAR GRÉGOIRE DE TOURS.

Nous croyons devoir terminer cet ouvrage par quelques réflexions sur l'orthographe des noms propres employés par Grégoire de Tours et par les autres chroniqueurs de ce temps, et des motifs qui nous ont engagés à les traduire d'après l'orthographe usuelle.

Dans la préface de son Histoire des Francs, M. de Peyronnet a traité cette matière d'une manière qui nous paraît tout à fait raisonnable et juste.

« L'orthographe des noms historiques de nos premiers temps, dit-il, est presque devenue aujourd'hui une chose grave. On y voudrait de grands changements. Personne n'est plus disposé que moi à la déférence pour le savant et recommandable écrivain (M. Augustin Thierry), qui a renouvelé de nos jours les anciennes tentatives de Du Tillet. Je m'abstiendrai pourtant cette fois de ses conseils.

» Assurément, la langue tudesque, que parlaient les Francs, ressemblait peu à celle que parlent aujourd'hui les Français. Ce sont bien deux langues, et je n'entends point qu'il faille

mettre en doute si les Francs prononçaient Me-
rowings, Chlodowig ou Hlodowig, Lodewig et
Karle, plutôt que Charles, Louis, Chlovis, Mérovée. C'est pourquoi si j'écrivais l'histoire de
ces temps en langue tudesque, je voudrais savoir
quelle orthographe et quelle consonnance donnait cette langue au nom de mes personnages,
et je les conserverais religieusement.

» Mais j'écris la langue qui se parle en mon
pays, de mon temps. Je ne la refais, ni ne la
réforme ; je m'en sers. Et de même que je n'emploie point les désinences grecques ou latines,
quand je parle en cette langue des personnages de
Rome ou d'Athènes ; de même que je dis Alexandre, Pompée, Auguste, quand je parle, moi,
Français d'aujourd'hui, de ces grands hommes ;
de même je dis Mérovée et Chlovis, sans trop
examiner de quelle manière se prononçaient ces
mots en langue tudesque, quand vivait cette
langue, il y a douze siècles.

» Que ma langue ait tort ; cela peut bien être.
Qu'il lui valût mieux de dire Alexandros, Pom-
peius, Mérowings ; je ne dispute pas là-dessus.
Mais ce mieux-là, elle n'en veut point ; elle dit
Pompée, elle dit Mérovée. Que puis-je à cela ?
m'irai-je obstiner à la faire rétrograder jusqu'au
tudesque ? l'usage veut : *si volet usus ;* l'usage est
le maître, *arbitrium est et jus.* »

Ces raisons nous ont paru suffisantes pour
conserver dans cette traduction l'orthographe

usuelle de ces noms, au lieu de celle proposée par M. Thierry.

Deux motifs ont déterminé ce savant écrivain à tenter cette réforme, la consonnance et l'étymologie.

« Dans tous ces noms, dit-il, les voyelles intermédiaires, qui successivement ont disparu ou se sont résolues en *e* muets, devaient être prononcées distinctement à l'époque de la conquête. Le plus sûr est donc de se conformer à l'orthographe latine des contemporains, mais avec discernement. Il faut surtout que les lettres qui, dans notre langue actuelle ont un son étranger à celui des langues germaniques, soient ou remplacées, ou jointes à d'autres lettres qui en corrigent le défaut. » Là-dessus il énonce les règles d'orthographe auxquelles il s'est conformé pour rendre, autant qu'il est possible, aux noms d'hommes et de femmes de la période franque, leur aspect et leur prononciation ancienne.

D'après ces règles il écrit : *Rikimer, Rekkared, Hilderik, Haribert, Rikhad, Chlodowig, Cholodomir, Chlothilde* (ou mieux, ajoute M. Thierry, si on a la hardiesse d'écrire comme les Franks, *Hlodowig, Hlodomir, Hlothilde*), *Sighebert, Sighismond, Merowig, Gondebald, Brunehilde, Chlother, Frédegher,* au lieu de *Récimer, Récarède, Childeric, Charibert, Richard, Clovis, Clodomir, Clotilde, Sigebert, Sigismond, Mérovée, Gondebaud, Brunehault, Clotaire, Frédégonde,* etc.

La première chose qui nous frappe dans le
changement de ces noms que l'usage a consacrés,
c'est qu'ils présentent un air d'étrangeté qui
nous permet à peine de les reconnaître pour ceux
de personnages appartenant à notre histoire. Qui
retrouverait, en effet, dans Hlodowig, ce nom si
connu de Clovis, d'où est venu le nom si doux
et si français de Louis? quelle femme en France
voudrait s'appeler Hlothilde, ou même Chro-
tilde, tandis qu'il en est un grand nombre qui
portent le nom de Clotilde, et qui reconnaissent
pour leur patronne sainte Clotilde, reine de
France? Est-ce donc une si grande faute que
d'avoir modifié la consonnance des noms de nos
pères, de manière à les rapprocher de la prononci-
ciation et des habitudes de notre langage, plutôt
que de conserver une orthographe (si toutefois
encore cette orthographe est bien exacte), qui
nous présente une combinaison de lettres im-
possibles à articuler par des organes français, et
qui ne pourraient l'être que par un gosier ger-
manique?

En effet, avec toutes les combinaisons possibles de lettres, on ne parviendra jamais à faire
comprendre aux yeux un son que l'oreille n'a
jamais entendu, et que les organes de la voix ne
se sont pas exercés à prononcer. Multipliez tant
que vous voudrez les *h*, les *th*, *Ch*, les *w*, et
tous les signes possibles d'aspirations plus ou
moins gutturales, ou d'articulations dentales,

sifflantes, palatales, etc., qui peuvent se trouver dans les langues étrangères et qui n'appartiennent pas à la nôtre ; jamais un Français, s'il
ne l'a entendu prononcer, ne se fera une idée
du *ch* allemand, du *th* anglais, du *j* et du *x* es-
pagnol. Comment donc prétendre lui représen-
ter aujourd'hui la manière de prononcer des
noms comme le faisaient les Francs il y a douze
cents ans ? Mais, dira-t-on, c'est ainsi que les
Francs écrivaient ces noms, et les prononçaient
au moment de la conquête. Je crois qu'il n'est
guère possible de dire comment les Francs écrivaient à cette époque, car je suis persuadé qu'ils
n'écrivaient pas du tout, et que depuis, le roi
ou le chef d'une de leurs tribus, jusqu'au dernier de ces guerriers, il eût été difficile de rencontrer un seul homme capable de dire comment on devait orthographier son nom. Ces langues barbares n'avaient point de caractères propres ; les historiens ou chroniqueurs de ce temps
n'écrivaient qu'en latin, et se servaient pour les
noms propres des caractères romains, en donnant toutefois à ces noms une désinence latine.
Ainsi, Grégoire de Tours écrit *Chlodovechus,*
Chrotildis, Brunechildis, etc., dont la prononciation, en s'adoucissant, a produit *Clovis, Clo-*
tilde, Brunehault. Tous les écrivains français ont
ainsi orthographié ces noms, quand notre langue a été fixée. Bossuet, Fénélon, Racine, Mon-
tesquieu, Voltaire, ont dit et écrit Clovis, Clo-

tilde, Charlemagne, et je ne vois pas qu'il y ait le moindre inconvénient à les imiter.

C'est surtout ce beau nom de Charlemagne, qui rappelle l'époque la plus brillante de gloire et de puissance à laquelle se soit élevée la nation française, que je ne puis voir défigurer en celui de Karle Iᵉʳ, ou Karle-le-Grand.

En suivant un pareil système, et pour être conséquent, nous devrons dire Charles cinq, au lieu de Charles-Quint ; nous devrons aussi donner le nom de Carlos, à tous les rois d'Espagne que nous appelons Charles, et celui Williams, à tous les rois d'Angleterre que nous appelons Guillaume ; nous devrons appeler Ulysse Odysseus, comme on l'écrit en Grec, et cela avec d'autant plus de raison, que nous appelons Odyssée le poëme consacré à sa gloire ; nous devrions écrire et prononcer Kikero, au lieu de Cicéron, car c'est la vraie prononciation de ce nom.

Je suis loin de blâmer ces recherches savantes qui, pénétrant dans la nuit obscure du passé, y portent un flambeau qui nous découvre des trésors ignorés jusqu'alors. J'aime à voir que Clodion vient de Hlode, qui signifie célèbre, que Mérovéc vient de Méro-wig, éminent guerrier ; Childéric, de Hilde-rik, fort ou brave au combat ; Clovis, de Hlod-wig, célèbre guerrier, et ainsi des autres. Mais tout cela, excellent dans une dissertation philologique, ne devait pas, ce me semble, conduire l'auteur à vouloir nous forcer à changer tout à coup des noms que l'usage et les siècles ont consacrés. Si son système était adopté, il faudrait réformer toutes les éditions de nos auteurs français, ou ils deviendraient bientôt inintelligibles pour nous quand ils parleraient des personnages historiques de cette époque.

Nous voyons tous les jours ces changements dans les noms propres s'opérer encore. Combien de familles étrangères, en s'établissant en France, ont perdu peu à peu quelques lettres de leurs noms pour adopter une consonnance plus française. Je n'en citerai qu'un exemple : la famille Bonaparte n'a-t-elle pas cessé d'écrire son nom Buonaparte, qui se prononçait et se prononce encore dans son pays Buonaparte? Tous les écrivains d'aujourd'hui écrivent et prononcent Bonaparte, et il est probable que cette orthographe durera longtemps encore.

Mais si l'on veut rendre aux noms propres d'hommes leur ancienne orthographe, quand on écrit l'histoire de ces temps reculés, pourquoi ne pas en faire autant pour les noms des villes, des rivières, de tous les lieux, dont quelques-uns ont été tellement changés, qu'ils n'ont rien conservé de leur première forme. Pourquoi ne pas dire *Arverna*, au lieu de Clermont, *Pictavium*, au lieu de Poitiers, *Burdigala*, au lieu de Bordeaux, l'*Arar*, au lieu de la Saône, *Ligeris*, au lieu de la Loire, et ainsi des autres. C'était ainsi que ces noms s'écrivaivaient, quand on disait : Hlod-wig, Hilderik, Karle, et que la langue latine et la langue tudesque étaient parlées simultanément dans les Gaules. Quand les deux peuples se sont confondus, quand des différents idiomes, dont ils se servaient, est sortie une langue commune à tous, les noms propres d'hommes, comme de villes ou de rivières ont subi des changements en rapport avec le nouveau langage. Pourquoi vouloir donner aujourd'hui aux noms tudesques seuls le privilége de se remontrer sous leur forme primitive, quand on ne l'accorde pas aux noms latins ? Ainsi, nous disons Remi, Didier, Grégoire, et non pas *Remigius, Desiderius, Gregorius*; pourquoi ne dirions-nous pas Clovis, Childeric, Charles ?.

D'ailleurs, y a-t-il dans cette permutation de noms un profit pour la science historique ? nous ne le croyons pas. L'histoire se compose de faits accomplis par tels ou tels personnages. L'essentiel, c'est la connaissance de ces faits, du caractère et des actes de ces personnages. Quant aux noms, qu'importe qu'il y ait une légère différence dans la prononciation adoptée par telle ou telle nation, par telle ou telle époque ; pourvu qu'il n'y en ait pas dans l'identité ? Que je dise Mahomet, Jérusalem, je serai entendu de tout le monde, et chacun saura que je parle du fondateur de l'Islamisme, ou de la ville sainte des

Hébreux;.combien de.personnes me comprendront-elles, au contraire, si je dis Mohamed.et Hesralaïm,.qui sont leurs véritables noms?

Enfin nous.prétendons.que cette.innovation, loin d'avoir un résultat avantageux, pourrait amener une grande confusion dans l'histoire. Prenons pour exemple deux noms seulement : Louis et Charles. Nous avons une série de dix-huit rois du premier de ces noms, à commencer par Louis Ier, dit le débonnaire, jusqu'à Louis XVIII; le second, fournit une série de dix rois depuis Charlemagne jusqu'à Charles X. Si, comme le prétend M. Thierry, on doit appeler Lodewig et Karle, tous les rois de ces deux séries, qui ont régné avant la troisième race, époque où, d'après lui commence seulement la nation française, et où, par conséquent, on peut les appeler Louis et Charles; il en résulte qu'il faudra retrancher cinq noms de la première série, et trois de la seconde. Ainsi, Louis-le-Gros, qui s'est fait appeler Louis VI, sera Louis Ier; Louis XIV ira prendre le rang de Saint-Louis, et deviendra Louis IX, et Louis XVI, le roi martyr, sera appelé Louis XI! Charles-le-Bel, qui, en 1322, a reçu le nom de Charles IV, devrait s'appeler Charles Ier, et par suite de cette réforme, Charles X, qui est mort dans l'exil, recevra le nom de Charles VII, qu'a porté jusqu'à présent un roi surnommé le *Victorieux*, parce qu'il avait reconquis son royaume.

En ·voilà assez pour faire voir que de pareils changements ont plus d'importance réelle qu'on ne le penserait d'abord, et qu'ils peuvent produire des effets tout différents de ce qu'on s'en était promis.

TABLE

CHAPITRE III.

CHAPITRE IV.

CHAPITRE V.

CHAPITRE VIII.

CHAPITRE IX.

CPSIA information can be obtained
at www.ICGtesting.com
Printed in the USA
BVHW04*1551270718
522825BV00005B/30/P